dtv

»Die Mühe, die es macht, der deutschen Sprache ein Chanson abzuringen – ich habe nie geglaubt, daß soviel Arbeit dahintersteckt, um zu erreichen, daß Leute abends zwei Stunden lachen, ohne daß sie und die Autoren sich hinterher zu schämen haben.« (Kurt Tucholsky)

Couplets und Chansons waren schon immer die Lebensader des deutschen Kabaretts, der sogenannten »zehnten Muse«. In Anekdoten, Fakten und Kurzbiographien von Textern, Komponisten und Interpreten von Otto Reutter bis Ulla Meinecke läßt Jo van Nelsen die Entwicklung des deutschen Kabarettchansons Revue passieren. Als Lesebuch und Nachschlagewerk zugleich bietet der Band mit über 50 Chansontexten und Kommentaren packende Zeitbilder und einen amüsanten Blick auf 100 Jahre bewegter deutscher (Unterhaltungs-)Geschichte.

Jo van Nelsen, geboren 1968 in Bad Homburg v. d. H., ist einer der vielseitigsten deutschen Kleinkünstler. Seit 1989 bereichert er die deutsche Chansonszene mit Soloprogrammen und arbeitet als Schauspieler bei Theater und Fernsehen. Zu seinen Auszeichnungen gehören der Ralph-Benatzky-Chansonpreis und der Thüringer Kleinkunstpreis. Nach über zehn CD-Veröffentlichungen erscheint nun sein erstes Buch.

Jo van Nelsen (Hg.)

Wir richten scharf und herzlich!

Chansons aus 100 Jahren Kabarett

Deutscher Taschenbuch Verlag

Ein Projekt der Edition diá
www.editiondia.de

Originalausgabe
November 2001
Deutscher Taschenbuch Verlag GmbH & Co. KG, München
www.dtv.de

Umschlagkonzept: Balk & Brumshagen
Umschlagfotos: v. l. n. r. Thomas Pigor (© Jens Ziehe/Rampensau),
Claire Waldoff und Margo Lion (© ullstein bild),
Jo van Nelsen (© Heike Belz)
Satz und Gestaltung: Rainer Zenz, Berlin
Gesetzt aus der Minion
Druck und Bindung: Druckerei C. H. Beck, Nördlingen
Gedruckt auf säurefreiem, chlorfrei gebleichtem Papier
Printed in Germany · ISBN 3-423-20470-2

Vorwort

Eines Abends kam mein Pianist in die Garderobe und erzählte mir, noch immer etwas verwirrt, von seiner Begegnung mit einem seiner ehemaligen Musikschüler. Nach den üblichen Klagen über Abiturstreß und das Leben an sich habe der ihn schließlich gefragt, mit was er denn nun sein Geld verdiene. »Ich begleite einen Chansonnier«, sagte mein Pianist daraufhin. »Und was macht ein Chansonnier?« – »Der singt Chansons.« Und nach einer Pause: »Und was ist ein Chanson?«

Ich glaube, daß in diesem Moment der Entschluß in mir gereift ist, dieses Buch, das Sie nun in Händen halten, zu schreiben.

Nun verlief meine erste Begegnung mit dem Chanson allerdings schon außergewöhnlich früh und zwar hauptsächlich über diverse familiäre Schallplattensammlungen: Da war meine Lieblingsplatte in der Sammlung meiner Großmutter mütterlicherseits: ›Hanne Wieder singt Chansons‹ (inzwischen ein Klassiker) – mit für zweijährige Ohren absolut untauglichen Titeln wie *Enthüllungen einer Stripteasetänzerin* oder *Ein Neandertaler.* Aber meine Großmutter wußte, daß auf mein Kommando »Patte an!« nichts anderes zu laufen hatte (höchstens noch die Single *Grüezi wohl, Frau Stirnimaa* oder die Doppel-LP mit französischen Chansons). Aber nicht nur die Musik (und bei der Wieder vor allem ihre tiefe Stimme) hielt mich vor dem Dual-Stereo-Gerät in Schleiflack-Weiß, sondern auch das faszinierende Schauspiel des Plattenwechslerbaumes, von dem die vorher gestapelten LPs mit magischem »Plopp« auf den Teller fielen – ein diskophiles Schlaraffenland. Es folgten in meiner akustischen Entwicklung die Schellackplatten meiner zweiten Großmutter (die auf einem altersschwachen Kombigerät aus dunklem Holz – der Deckel von einem Kochlöffel gestützt – mit 78 Umdrehungen rasten und Caterina Valentes Stimme, die mich beschwor, mich nicht nach dunklen Schatten umzudrehen, in die schnell herannahende Tiefe der letzten Rille mitrissen). Meine Tanten vermachten mir ihre Teenie-Singles (ich war der beste vierjährige Peter-Alexander-Imitator diesseits der Donau!), und dann kam die alles entscheidende Plattensammlung meines in Luzern lebenden Onkels Stefan, den ich jeden Sommer und Winter für einige Wochen besuchte. Hier hörte ich zum ersten Mal die Stimmen von Zarah Leander, Marlene Dietrich, Hildegard Knef, Edith Piaf. Gesteigert wurde das Erlebnis noch dadurch, daß die meisten LP-Hüllen mit herzlichsten Wünschen von den Damen signiert waren. Hier verbrachte ich Tage wie im Fieber, hörte mich durch alle möglichen und unmöglichen Aufnahmen. Ich danke meinem Onkel noch heute dafür, daß er mich so früh in diesen Schätzen hat wühlen lassen (und das bei einem Jungen, der die – wenn auch spärliche – Plattensammlung seiner Eltern dadurch ruiniert hatte, daß er sie mit Buntstiften genauso lustig-farbig machen wollte wie seine Kinderschallplatten aus gefärbtem Vinyl ...). Ich habe ihm bereits früh die Frage gestellt: »Wenn du mal tot bist, krieg ich dann deine Platten?« Ich hatte wohl schon damals den starken Drang, Dinge, die mir schön und wichtig erscheinen, zu bewahren. Meine Mutter war zwar pikiert, mein Onkel hat das aber lachend verstanden. Daß ich sie so früh besitzen würde, ahnte damals keiner von uns.

Ich hatte das Glück, Menschen um mich zu haben, die mich an Dinge, die sie liebten, heranführten. Mein Onkel ging schließlich mit mir, als ich acht Jahre alt war, in die Operette (›Die Lustige Witwe‹, eingehüllt in eine federlassende schwarze Boa), und von da an wurde mein Berufswunsch Clown (durch regelmäßige Besuche im Zirkus Knie genährt) durch das Element Musik ergänzt. Mein Großvater, der mir ein altes Koffergrammophon schenkte, meine Mutter, die mich in den Kinderchor brachte – all das sind wichtige Stationen auf meinem Weg, der mich zum Beruf des Chansonniers (und später auch des Journalisten) geführt hat. In beiden Aufgaben verfolge ich ein Hauptziel: die Kunstform Chanson am Leben zu erhalten.

Mein Freund und Journalistenkollege Axel Schock sagte zu einem von ihm veröffentlichten Buch: »Es ist das Buch, das ich als Junge immer gerne gehabt hätte.« Und ähnlich verhält es sich auch mit diesem hier. Natürlich gibt es die Kabarett-Standardwerke von dem von mir sehr verehrten und (eine Tatsache, die ich mit großer Dankbarkeit erwähne) mir freundschaftlich verbundenen Volker

Kühn, die in ihrer Detailliebe und Forschungshingabe unerreicht sind. Herbert Greul hat unter anderem mit seiner Kabarettkulturgeschichte ›Bretter, die die Zeit bedeuten‹ in den 60ern ein umfassendes und noch heute lesenswertes Werk geschaffen, wie auch Reinhard Hippen (der Begründer des Deutschen Kabarett Archivs, Mainz) und Klaus Budzinski (besonders mit seinen Kabarettlexika) durch ihre Veröffentlichungen wirklich Großes zur Spurensicherung dieser zeitabhängigen Kunstform geleistet haben. Ihre Bücher waren meine Hauptquellen, deren sich ergänzende Informationsfülle in meinen Kommentaren zusammenzuführen und mit eigenen Gedanken anzureichern eine spannende Aufgabe war – ja, es kam manchmal wieder das alte fiebrige Schallplattenschrank-Gefühl hoch. Doch zum überwiegenden Teil sind diese Werke längst vergriffen, neue Autoren scheinen sich nicht allzusehr für das Thema zu interessieren. In einer »wohlfeilen« Taschenbuchausgabe ein bißchen von dem transportieren zu können, was mein Wirken und Streben ausmacht – das schien mir doch eine sehr schöne Aufgabe. Und so facettenreich, wie ich meinen Beruf begreife, ist auch die vorliegende Anthologie. Sie ist zum einen Lesebuch, in der Textauswahl durchaus subjektiv (wenn ich auch den ein oder anderen »Herzenstext« dem politisch oder entwicklungsgeschichtlich wichtigeren geopfert habe). Andererseits ist sie ein Abriß deutscher Kabarettgeschichte, denn im Kabarett hat das Chanson in unserem heutigen Verständnis seine Heimstatt. Natürlich kann hier vieles der – gerade ihr Hundertjähriges feiernden – deutschen Kabarettentwicklung nur angeschnitten werden. Dies ist aber auch als Anregung zum eigenen Weitersuchen und -vertiefen zu verstehen (in Antiquariaten und Bibliotheken zu stöbern gehört nicht nur zum täglichen Job des historisch interessierten Kleinkünstlers, es macht auch Spaß, sogar im Internet). Wichtig war mir, daß neben den arrivierten (und meist gut auf dem Buchmarkt vertretenen) Autoren die unbekannteren und zu Unrecht vergessenen Erwähnung finden. Besonders die bewegenden Lebensgeschichten der von den Nationalsozialisten Verfolgten scheinen mir in ihrer Unmittelbarkeit immer wieder dienlich, wenn es darum geht, vor rechten Auswüchsen in unserer Zeit zu warnen.

Das Chanson ist für mich einer der schönsten und unterhaltsamsten Zeitspiegel, sozusagen ein spielerischer Geschichtsunterricht, so daß dieses Buch auch als ein Abriß deutscher Geschichte zu lesen ist. Ich würde mir wünschen, daß Lehrer einmal diese Funktion des Chansons entdeckten und im Unterricht einsetzten.

Auf die Frage des obenerwähnten Abiturienten »Was ist ein Chanson?« verweigere aber auch ich die Antwort. Im Französischen hat es nur die schlichte Bedeutung »Lied«. Eine Gleichberechtigung von Text, Musik und Interpretation würde ich als Chanson bezeichnen; Ulla Meinecke gab mir jedoch genau diese Definition in unserem Interview für die von ihr bevorzugte Bezeichnung »Song«. Ein vertontes Gedicht sei ein Chanson, sagt mancher – ist die Alltagssprache zum Beispiel in den Liedern Thomas Pigors noch poetisch genug, um diesen Begriff zu erfüllen? Ist ein politisches Lied automatisch Agitprop, können Schlager nie Chansons sein? So hat jede Definition ihre Angriffspunkte; das Chanson kann eben »scharf *und* herzlich richten« – um das titelgebende Auftrittslied der ›Elf Scharfrichter‹ zu bemühen. Für dieses Buch hat das die Konsequenz, daß ich lediglich vereinzelt auf gewisse Ausformungen des Chansonbegriffs eingehe. Ebenso unbefriedigend schien es mir, in Schriftform auf nicht zu hörende Vertonungen einzugehen – auch hier appelliere ich an den Trüffelschwein-Instinkt des Chansonliebhabers beim nächsten Besuch eines CD-Ladens (hervorgehoben seien hier die Veröffentlichungen bei Bear Family, Edition Berliner Musenkinder/Duophon und Musik Antik, Hamburg).

Allen Kollegen, die sich vergessen fühlen, allen Fans, die ihren Lieblingsinterpreten, -autor oder -text vermissen, leiste ich Abbitte. Ich hätte drei Bücher füllen können – ich hoffe, daß wenigstens dieses eine in der Zeit der Comedyschwemme seine Leser findet. Alle Kritiker möchte ich schließlich auffordern, selbst zur Feder zu greifen und den betreffend Kabarett und Chanson brachliegenden Buchmarkt zu bereichern; nichts hält lebendiger als Diskussion.

Bedanken möchte ich mich zuerst bei allen Autoren und Rechteinhabern für die freundliche Abdruckgenehmigung der Chansontexte. Mein persönlicher Dank gilt Christian Setzepfandt für die

Rundumbetreuung in Sachen Computer und »Internetz«, dafür, daß ich mein Tagwerk ihm zu Füßen legen durfte (enorm wichtig für jemanden, der sonst immer sofortige Applaus-Reaktionen gewohnt ist), und dafür, daß er mir immer ein konstruktiver Kritiker war. Und daß wir uns überhaupt kennenlernen durften, dafür danke ich dem Schicksal ohnehin täglich (you have a place in my heart, dear). Ich danke Axel Schock für sein wunderbar aufmunterndes Lob und daß er mit seinen Adleraugen die erste Korrekturfassung durchgeackert hat, meinen Freunden Marcus Koch und Thorsten Larbig ein großes Dankeschön für neugierige Fragen und Textkommentare. Für die Beantwortung *meiner* Neugiersfragen bedanke ich mich herzlich bei Ulla Meinecke, Maike Nowak, Stefan Göritz, Raoul Konezni, Matthias Thiel und Volker Kühn. Ein Dankeschön auch an alle Managements für die prompte Bereitstellung von Pressematerial. Für die gute Zusammenarbeit und Treue danke ich wie so oft schon meinem Manager Urs Wiegering. Ebenso gegenüber der Edition diá eine große Verbeugung dem Druckrechte-Detektiv und Retter in der Not Helmut Lotz (mit einem Gruß an Frau Soraya Heuss!) wie auch Kai Precht für die erste Begleitung meiner Arbeit. Ein Dankeschön auch an den Grafiker Rainer Zenz und an alle Verantwortlichen von dtv für Gestaltung und Ermöglichung dieses Herzensprojekts.

Und gewidmet ist mein Erstling natürlich auch: Während der Arbeit an diesem Buch erreichte mich die Nachricht vom Tode Helen Vitas, einer Kollegin, die ich sehr verehre und die (neben Robert Kreis) durch ihre herrlichen Konzerte mit »daran schuld« ist, daß ich mich für den Beruf des Chansonniers entschieden habe. Daß ich ihr dies ein paar Jahre später nach einem gemeinsamen Auftritt bei einem Festival im Renitenztheater Stuttgart noch sagen konnte und sie mich mit ihrem ungläubigen, aber geschmeichelten Lächeln beschenkte, erfüllt mich heute noch mit großer Dankbarkeit. Wie schon mein allererstes Chansonprogramm widme ich ihr auch dieses erste Buch.

Einleitung

Das neue Jahrhundert feiert sich in Paris mit einer fabulösen Weltausstellung. Rund 50 Millionen Besucher soll sie angelockt haben, darunter viele Deutsche, sich dem Erbfeind in gewohnter Arroganz, aber auch mit großer Neugier nähernd. War Paris doch die legendäre Vergnügungsmetropole Europas, von der so mancher »Piefke« unvergeßliche Eindrücke mit nach Hause nahm (um sie dort ganz schnell wieder vergessen zu müssen). Hier hatten die Gebrüder Lumière gerade den Bildern das Laufen beigebracht, der Eiffelturm überragte als neues Wahrzeichen die Stadt und die für die Weltausstellung in einer ersten Teilstrecke fertiggestellte Untergrundbahn, die Métro, schien manchem Besucher wie der Vorgeschmack eines tollkühnen Ritts durch die Hölle.

Doch eines reizt die deutschen Intellektuellen besonders: das Cabaret! Seit 1880 in Paris erprobt und in voller Blüte stehend, verführt es die ausländischen Besucher mit seinem eigenen neuen Charme, der irgendwo zwischen Gosse und Poesie, Kitsch und Kunst anzusiedeln ist. Im Unterschied zu den Cafés concerts, saalartigen Cafés mit Bühne, die immer mehr zum Ausstattungstingeltangel verkommen waren, sind die Cabarets artistiques auf dem Montmartre fernab jeglichen Gauklertums und ihm doch originär verbunden in ihrer Buntheit, dem Spiel mit dem Publikum und seinen Moralvorstellungen, der Freude am Wider-den-Stachel-Löcken.

Und einer zentralen Darbietungsform des Cabarets scheint dieses Spiel mit Farben und Sinnen besonders gut zu glücken: dem Chanson. Seine bekanntesten Protagonisten sind Aristide Bruant, der König des Argot (der Pariser Gossen- und Gaunersprache), der mit seinen Publikumsbeschimpfungen und sentimental-sozialkritischen Texten Furore macht; und Yvette Guilbert, die Chansonniere, die Toulouse-Lautrec immer wieder zeichnet, mit ihrer keck nach oben weisenden Nase und den in langen Handschuhen stekkenden gespreizten Fingern. Ihre Erscheinung und ihr Vortrag sind Pikanterie par excellence – und dabei von so großer und durchdachter Kunstfertigkeit, daß die Guilbert noch heute als wegweisende Urmutter des Chansonvortrags gilt.

Sie hatte bereits in Deutschland gastiert und auch hier viele Anhänger gefunden. Etwa Otto Julius Bierbaum, einen schlesischen Dichter, der schon 1897 in dem Roman ›Stilpe‹ seinen Titelhelden von einem deutschen Cabaret träumen läßt: »Die Renaissance aller Künste und des ganzen Lebens kommen vom Tingeltangel her. In unserem Schlepptau wird alles hängen: Malerei, Poeterei, Musik und alles überhaupt, was Schönheit und genießendes Leben will. Zu uns, ins Tingeltangel, werden alle kommen, die Theater und Museen ebenso fliehen wie die Kirche. Und bei uns werden sie das finden, was ihnen allen fehlt: Den heiteren Geist, das Leben zu verklären, die Kunst des Tanzes in Worten, Tönen, Farben, Linien, Bewegungen. Die nackte Lust am Schönen, den Humor, der die Welt am Ohr nimmt, die Phantasie, die mit den Sternen jongliert und auf des Weltgeists Schnurrbartenden Seil tanzt. Wir werden eine neue Kultur herbeitanzen! Wir werden den Übermenschen auf dem Brettl gebären! Wir werden diese alberne Welt umschmeißen!«

Es sei angemerkt, daß das so beschriebene, »Momus« genannte Unternehmen scheitert und Stilpe sich auf offener Bühne erhängt … Bierbaum hingegen möchte es nicht bei der Theorie belassen und erwägt bereits ein Jahr später mit dem Skandaldichter Frank Wedekind die Gründung eines ersten deutschen Kabaretts. Das Projekt wird aufgeschoben bis zum 29. Dezember 1901, an dem Bierbaum in Berlin endlich sein Trianon-Theater eröffnet – und es bereits zwei Monate später wieder schließen muß (ohne seinem tragischen Helden Stilpe bis zur letzten Konsequenz zu folgen).

Und brachte sich Bierbaum auch um den Titel des ersten deutschen Kabarett-Gründers, gebührt ihm doch der Lorbeer für die erste Textsammlung ›Deutsche Chansons (Brettl-Lieder)‹, die er 1900 herausbrachte und die sich prompt als Bestseller erwies. Sie sollte das Fundament für das erste deutsche Kabarett, Ernst von Wolzogens ›Bunte Bühne (Überbrettl)‹, bilden.

Ernst von Wolzogen: Das Laufmädel

Platschepitsch – Spagatelregen –
Schokolad' auf allen Wegen.
Mädel unter Paraplü
Stiefelt tapfer durch die Brüh.
Pflastertreterl,
Armes Peterl!
Mädel, kleines Mädel laufe –
Aus dem Regen in die Traufe!
Kille, kille, Kleine,
Brauche deine Beine –
Trippeltrab treppauf und ab,
Stöckelstiefel klippeklapp –
Morgen kommt ein Herr Baron
Oder ein Kommerziensohn!

Schleppe deinen Robes-Kasten –
Mädel lauf, sonst heißt es fasten!
Mutterl schimpft dich zünftig z'samm'
Und es grantelt die Madam'.
Krampft im Kröpferl
Tränentröpferl?
Schluck's hinunter – alles Plunder!
Wart, der Himmel tut ein Wunder!
Kille, kille, Kleine,
Brauche deine Beine –
Trippeltrab treppauf und ab,
Stöckelstiefel klippeklapp –
Herr, erbarm' dich deines Kind's –
Nächste Woche kommt ein Prinz!

Mädel, wie sie dich bepacken!
Schau, wie glühn dir bloß die Backen!
Kindel, hast du's auf der Brust,
Daß du gar so husten mußt?

Nebel schieben,
Flocken stieben –
Fasching kam mit Geigenklingen …
Warum magst denn du nicht springen?
Kille, kille, Kleine,
Brauche deine Beine –
Trippeltrab treppauf und ab,
Stöckelstiefel klippeklapp –
Bald ein End hat alle Not –
Frühling wird's – dann kommt der Tod!

Am 18. Januar 1901 ist es endlich soweit – das deutsche Kabarettwird geboren! Ein merkwürdiger Tag für die Premiere einer Kunstform, die doch davon lebt, den Herrschenden auf die Finger zu schauen und zu hauen: Denn just an diesem Tage feiert man auch den 200. Jahrestag der preußischen Monarchie und den 30. Jahrestag der Kaiserkrönung Wilhelms I. und somit der deutschen Reichsgründung.

Auch rein äußerlich unterscheidet sich die Unterbringung des ersten deutschen Kabaretts stark von den Keller-Kneipen des französischen Vorbilds: Die Secessionsbühne, ein ehrwürdiges Theater am Berliner Alexanderplatz, vermittelt mit seinen 650 Plätzen nun wirklich kein Montmartre-Flair! Doch das ist auch nicht die Absicht des adeligen deutschen Gründervaters, der noch nicht einmal das französische Wort »Cabaret« übernehmen will, sondern den Begriff der »Kleinkunst« prägt. Für Freiherr Ernst von Wolzogen (1855–1934), erfolgreicher Schriftsteller und Dramatiker, war »der echte Künstler nun einmal zu allen Zeiten Aristokrat nietzschischer Observanz gewesen, ein Hasser des profanum vulgus, ein Herrenmensch«.

So überrascht es denn auch nicht, daß von Wolzogen dem offiziellen Namen des ersten deutschen Kabaretts, ›Bunte Bühne‹, den Begriff ›Überbrettl‹ hinzufügt. Hier will einer mit teutscher Manneskraft (geschult an Nietzsches Begriff vom »Übermenschen«) dem Tingeltangel (süddeutsch ›Brettl‹) Manieren beibringen! Aber mit hochkünstlerischen Mitteln, bitte schön! Oder noch einmal in des Freiherrn Worten: »Die Bändigung der blonden Bestie durch eine Kultur der Anmut!«

Seine Textlieferanten für diese hohe Dressur sind zum Großteil dieselben, die bereits Bierbaum bei seiner ersten Chansonanthologie unterstützt haben: Baron Detlev von Liliencron, Richard Dehmel, Arno Holz, Hanns Heinz Ewers (der sich später, wie auch von Wolzogen, dem Nationalsozialismus zuwenden wird), Ludwig Thoma, Christian Morgenstern und natürlich von Wolzogen selbst. Neben einem Auszug aus Arthur Schnitzlers Drama ›Anatol‹, Schattenspielen, Pantomimen, Gedichten und Literaturparodien bilden Chansons das Kernstück dieses ersten deutschen Kleinkunst-Programms, wie zum Beispiel das Lied von *Madame Adèle*, welches das Sujet des »Hurenlieds« ins deutsche Chanson einführt; oder das Duett vom *Lustigen Ehemann*, das sofort – wenn auch gründlich mißverstanden – zum ersten (Phonographen-)Hit avanciert und damit bereits die enge Verbindung, die Schlager und Chanson immer wieder eingehen, etabliert; oder die Geschichte vom *Laufmädel* (die bei einem Laden angestellte Botin), die hier stellvertretend für all die anderen Texte dieser ersten deutschen Chansons abgedruckt ist. Man spürt durchaus die in Frankreich bei Bruant und Guilbert abgeschaute Intention, sozial aufrütteln zu wollen, den verniedlicht-naturalistischen Gerhart-Hauptmann-Effekt. Doch bleibt das soziale Engagement letztlich im Jugendstil-Kitsch stecken – denn der Autor ... nun, siehe oben! Gesungen wird dieses Chanson von Olga d'Estrée, einer der ausgebildeten Schauspielerinnen und Schauspieler, aus denen sich, neben den vortragenden Autoren, das Ensemble zusammensetzt. Die Musik stammt von Bogumil Zepler (1858–1918). Hauptmusiklieferant des ›Überbrettl‹ ist übrigens der später sehr erfolgreiche Operetten-Komponist Oscar Straus (siehe Seite 59).

Das Programm ist ein großer gesellschaftlicher Erfolg – oder besser gesagt: ein auf die höhere Gesellschaft beschränkter Erfolg, denn ein Logenplatz kostet immerhin zehn Goldmark (zum Vergleich: Ein Facharbeiter erhält zu dieser Zeit 46 Pfennig Stundenlohn). So hat denn das hochherrschaftliche Publikum auch bald

Einfluß auf das Repertoire, das immer seichter wird und die wenigen politisch-satirischen Spitzen, eines Dehmel und Thoma etwa, bald ganz vermissen läßt. Ernst von Wolzogen zieht sich aus dem inzwischen als Aktiengesellschaft gewagt expandierenden Unternehmen enttäuscht zurück, wird Intendant der Berliner Komischen Oper und ist wieder als freier Autor tätig. Interne Querelen und der immer größere Konkurrenzkampf (bis 1902 entstehen allein in Berlin 43 neue Kleinkunstbühnen!) führen schließlich nach 18 Monaten zum Bankrott des ersten deutschen Kabaretts.

Ernst von Wolzogen (zeitgenössische Darstellung)

Hanns von Gumppenberg: Sommermädchenküssetauschelächelbeichte

nach Otto Julius Bierbaum und anderen Wortkopplern

An der Murmelrieselplauderplätscherquelle
Saß ich sehnsuchtstränentröpfeltrauerbang:
Trat herzu ein Augenblinzeljunggeselle
In verwegnem Hüfteschwingeschlendergang,
Zog mit Schäkerehrfurchtsbittegrußverbeugung
Seinen Federbaumelriesenkrempenhut –
Gleich verspürt ich Liebeszauberkeimeneigung,
War ihm zitterjubelschauderherzensgut!

Nahm er Platz mit Spitzbubglücketückekichern,
Schlang um mich den Eisenklammermuskelarm:
Vor dem Griff, dem grausegruselsiegessichern,
Wurde mir so zappelseligsiedewarm!
Und er rief: »Mein Zuckerschnuckelputzelkindchen,
Welch ein Schmiegeschwatzeschwelgehochgenuß!«
Gab mir auf mein Schmachteschmollerosenmündchen
Einen Schnurrbartstachelkitzelkosekuß.

Da durchfuhr mich Wonneloderflackerfeuer –
Ach, das war so überwinderwundervoll ...
Küßt ich selbst das Stachelkitzelungeheuer
Sommersonnenrauschverwirrungsrasetoll!
Schilt nicht, Hüstelkeifewackeltrampeltante,
Wenn dein Nichtchen jetzt nicht knickeknirschekniet,
Denn der Plauderplätscherquellenunbekannte
Küßte wirklich wetterbombenexquisit!

Ernst von Wolzogen hatte sein ›Überbrettl‹ ursprünglich gar nicht in Berlin etablieren wollen. Zuerst dachte er stilsicher daran, sein Kleinkunsttheater auf der Darmstädter Mathildenhöhe zur Eröffnung der Jugendstilausstellung anno 1900 aufzuziehen. Seine zweite Wahl fiel auf die Stadt München, bis 1899 sein Wohnort. Als aber klar wurde, daß die hier ansässigen Künstler ihre eigenen, ganz und gar bohemehaften Ideen zur Gründung eines deutschen Cabarets hatten, zog sich der Freiherr in die deutsche Reichshauptstadt zurück.

Die Münchener Kabarettgründung nimmt ein echter Franzose in die Hand, der noch dazu im berühmten Pariser Cabaret ›Le lapin agile‹ höchstpersönlich conferiert hatte: Marc Henry (eigentlich Achille Georges d'Ailly-Vaucheret, ?–1915), Herausgeber der ›Revue Franco-Allemande‹, schart einige Interessierte der Schwabinger Boheme um sich. Sie gehen daran, Anteilscheine zu je 100 Mark an Münchener Mäzene zu verkaufen, um alsbald mit dem Erlös den Paukboden der Gaststätte ›Zum Goldenen Hirschen‹ zu einem kleinen Theater mit Bühne, Orchestergraben und raffinierter Bühnenbeleuchtung ausbauen zu lassen. Bei einem Fassungsvermögen von 100 Personen und künstlerischer Ausstattung will sich hier schon eher ein Montmartre-Gefühl einstellen als in Berlin.

Am 13. April 1901 treten die ›Elf Scharfrichter‹ erstmals vor ihr Publikum: Mit geschultertem Henkerbeil und unter blutroten Kutten versteckt, stehen prominente Schwabinger Künstler auf der Bühne, die sich mit blutrünstigen Pseudonymen wie Dionysius Tod, Kaspar Beil und Serapion Grab einer neuen Kunst verschreiben. Auch hier bemüht man natürlich Bierbaums Textsammlung, zitiert wohl auch Eichendorff und Heine. Des weiteren textlich versorgt werden die ›Elf‹ von den sogenannten ›Henkersknechten‹, befreundeten Künstlern, die sich auch ab und zu an den dreimal wöchentlich abgehaltenen »Exekutionen« selbst beteiligen. Zu ihnen gehört der bayerische Schriftsteller Hanns von Gumppenberg (Pseudonym: Jodok, 1866–1928), der mit dem nebenstehenden Lied, vertont von Hans Richard Weinhöppel (Pseudonym: Hannes Ruch, 1867–1928), eine der witzigsten Parodien auf den Berliner ›Überbrettl‹-Stil schrieb.

Frank Wedekind: Der Tantenmörder

Ich hab meine Tante geschlachtet,
Meine Tante war alt und schwach;
Ich hatte bei ihr übernachtet
Und grub in den Kisten-Kasten nach.

Da fand ich goldene Haufen,
Fand auch an Papieren gar viel
Und hörte die alte Tante schnaufen
Ohn Mitleid und Zartgefühl.

Was nutzt es, daß sie sich noch härme! –
Nacht war es rings um mich her –
Ich stieß ihr den Dolch in die Därme,
Die Tante schnaufte nicht mehr.

Das Geld war schwer zu tragen,
Viel schwerer die Tante noch.
Ich faßte sie bebend am Kragen
Und stieß sie ins tiefe Kellerloch. –

Ich hab meine Tante geschlachtet,
Meine Tante war alt und schwach;
Ihr aber, o Richter, ihr trachtet
Meiner blühenden Jugend-Jugend nach.

Bevor das Kabarett der ›Elf Scharfrichter‹, trotz ausverkaufter Vorstellungen und privater Spenden, im Herbst 1904 seine Pforten schließt, sorgt hier noch eine der außergewöhnlichsten Erscheinungen der jungen deutschen Kulturszene für Furore. Sich selbst auf der Laute begleitend, singt der Dichter Frank Wedekind (1864–1918) die gepfeffertsten politischen und erotischen Couplets seiner Zeit. Er kann als der Urvater der Liedermacher gelten, denn hier sind zum ersten Mal Texter, Komponist und Interpret in einer Person vereint.

Erste Eindrücke vom Gauklerleben hatte Wedekind 1888 bekommen, als er die Stelle eines Sekretärs beim Zirkus annahm. Ab 1889 zog es ihn immer wieder nach Paris, wo er das ›Cabaret artistique‹ kennen- und schätzen lernte (und sich bald darüber mit Otto Julius Bierbaum austauschte und Pläne für eine deutsche Variante schmiedete). Erstmals aber trat er als Dramatiker hervor mit seinen Tragödien ›Frühlings Erwachen‹ und ›Erdgeist‹, die durch ihre Infragestellung geltender Moral- und Sozialanschauungen fulminante Theaterskandale provozierten. Ab 1896 arbeitete Wedekind dann bei der Münchener Satirezeitschrift ›Simplicissimus‹, die die ›Elf Scharfrichter‹ personell wie ideell unterstützte. Seine gewagten Gedichte gehören von Anfang an zum Repertoire der ›Elf‹ und verhelfen der ersten wirklichen Chansonniere des deutschen Kabaretts, der am Stil der Guilbert geschulten Marya Delvard (eigentlich Marie Biller, 1874–1965), zum Erfolg. Doch Wedekinds eigener Vortrag scheint von besonderer Magie gewesen zu sein: »Wenn er auftrat, ein ernster Clown, ein schneidend-spöttischer, aber auch wieder schwermütig-schöner Satyr, dem lautesten Gelächter unbeweglich standhaltend und die Verachtung des Publikums so weit treibend, daß er sich auch beim wütendsten Applaus nur mit einer Neigung nach rückwärts verbeugte, so ging bannende Macht einer wahren Dämonie von ihm aus« (Hans Brandenburg). Wedekinds Bedeutung als Dramatiker (und auch Darsteller in eigenen Stükken) läßt seine Karriere als Chansonnier bald enden. Seine Chansontexte sind aber noch heute Bestandteil vieler Programme, besonders der nebenstehende (der auch Namenspate des frühen Reisekabaretts ›Die Sieben Tantenmörder‹ war).

Hans Hyan: Lied der Arbeitslosen

Die Nacht verblaßt, der Wind reißt an den Scheiben.
Steht auf da drinnen, Mann und Weib und Kind!
Steht auf! Die Reichen können schlafen.
Wir suchen Arbeit, weil wir hungrig sind.
Vom Morgenrot bis in die Nacht
Hab ich um Arbeit angefragt.
  Verdammt nochmal! Wir wollen wissen,
  Warum ihr satt seid und wir hungern müssen!

Der Tag bricht an. Wie klappern da die Zähne!
In unserm Loch von Wohnung ist es kalt.
Mein Weib geht waschen, Frühstück trägt der Kleene.
Und ich, bin ich zur Arbeit denn zu alt?
Vom Morgenrot bis in die Nacht
Hab ich den Schädel mir zerdacht.
  Verdammt nochmal! Wir wollen wissen,
  Warum ihr satt seid und wir hungern müssen!

Brot oder Arbeit! Jeden Tag wird's schlimmer:
Das Kind ist krank, die Frau kann nicht mehr fort,
Ich gehe weg, ich sitz in der Destille,
Arbeit, die gibt's nicht, schade um das Wort!
Vom Morgenrot bis in die Nacht,
Wir hungern, wenn ihr schmaust und lacht.
  Verdammt nochmal! Wir wollen wissen,
  Warum ihr satt seid und wir hungern müssen!

Inzwischen ist man in Berlin nicht untätig geblieben. Es hat sich herumgesprochen, daß mit der neuen Unterhaltungsform Geld zu verdienen ist. Mancher Kneipenbesitzer räumt ein Eckchen seines Lokals frei, nennt sich fortan Cabaretier und läßt Künstler und solche, die sich dafür halten, Verse und Lieder vortragen – zum ersten Mal ein Hauch Montmartre in Berlin! In Schröders Restaurant in der Steglitzer Straße etwa etabliert sich die ›Silberne Punschterrine‹. Gegründet wird sie im November 1901 von dem Berliner Schriftsteller Hans Hyan (1868–1944), den man bald den »deutschen Aristide Bruant« nennt. Nicht nur überträgt er Bruants Lieder erstmals ins Deutsche, sondern Hyan entwickelt auch bald wie dieser eine detaillierte Kenntnis der Milieusprache, die den Texten beider Autoren ein hohes Maß an Lebensechtheit verleiht und das Anliegen verrät, sozialen Realismus wahrhaftig zu vermitteln. Wie Bruant wird Hyan für seine wüsten Publikumsbeschimpfungen bei den einmal wöchentlich stattfindenden Vorstellungen berühmt. Das nebenstehende Chanson wird 1902 von ihm vorgetragen, wie fast alle seine Lieder vertont von seiner lautespielenden Frau Käte.

Überall in der Welt brodelt es, Arbeiterstreiks werden blutig niedergeschlagen. Die in Deutschland von Reichskanzler Bismarck in den 80er Jahren initiierte Sozialgesetzgebung wird nicht ernsthaft umgesetzt, und so kommt es zu immer krasseren Unterschieden in der Gesellschaftsstruktur. Äußerlich sichtbar wird dies vielleicht am deutlichsten in der Architektur, im Gegensatz von hochherrschaftlichen Villen zu den Mietskasernen mit ihrer auch sozialen Abstieg widerspiegelnden Hinterhofstruktur. Sie sind das Sammelbecken der vielen Arbeitsuchenden, die vom rückständigen Land in die industrialisierten Städte abwandern – und so die Zahl der ungelernten Arbeitskräfte stetig vergrößern. Die seit 1890 wieder zugelassenen Gewerkschaften und Arbeiterparteien setzen sich für Arbeitszeitverkürzung (bisher 6-Tage-Woche, bis zu 12 Stunden täglich), Abschaffung der Kinderarbeit und Lohnerhöhungen ein. Aber Arbeiter können jederzeit und ohne Begründung entlassen werden; ein soziales Netz, das sie auffängt, gibt es nicht. Die Kirchen und Armenfürsorgen springen hier ein; wer letztere in Anspruch nimmt, verliert jedoch seine bürgerlichen Rechte. Viele der desillusionierten Männer suchen Zuflucht in den billigen Fuselkneipen, den Destillen, die dem Kaiserreich nicht zu Unrecht als Brutstätten der sozialistischen Revolution gelten und bespitzelt werden.

Max Mackott: Polizei-Chanson

Hört, o Musensöhne, jetzo meinen Rat,
Denn ein jeder Künstler ihn sehr nötig hat.
Reizet nie durch Leichtsinn unsre Obrigkeit;
Sonst seid ihr verloren dann für alle Zeit.
Der Berliner Schutzmann hat viel Kunstverstand,
Mit den Musen ist er nahezu verwandt.
Schafft ihr neue Werke, denkt euch was dabei,
Sonst – für alles andre sorgt die Polizei.

Wenn du bist ein Maler, nimm dich ja in acht,
Schnell mit dem Gelichter wird Prozeß gemacht.
Malst du Nuditäten, denk ans Feigenblatt,
Sonst man dich sehr balde Nummro Sicher hat.
Des Gesetzes Auge, es entdeckt sehr schnell,
Daß du was vergessen, an bewußter Stell'.
Drum mal nie 'ne Venus, noch 'ne Loreley,
Sonst – für alles andre sorgt die Polizei.

Modellierst in Ton du, haust in Marmor aus,
Kommt die Polizei dir sicher auch ins Haus.
Schaffst du nackte Menschen, binde vorn was vor,
Sonst errötet schamhaft unser Schutzmannskorps.
Steck dir die Figuren in 'ne Uniform,
Das ist nämlich heute unsre Kunstreform.
Drum häng an den Nagel die Bildhauerei,
Denn für unsre Plastik sorgt die Polizei.

Bist du, o Verbrechen, nun ein Dichter gar,
Packt man dich oft plötzlich beim Poetenhaar.
Schreibst du aber Stücke, passe auf gar sehr,
Ob auch alles richtig. Sonst – Mali-Malheur,
Mit dem dicken Bleistift, nie am rechten Fleck,
Streicht dir dann der Zensor die Pointen weg.
Drum laß doch die ew'ge Stückeschreiberei,
Denn die besten Stücke macht die Polizei.

Die ganze Richtung paßt uns nicht!« So der Kampfspruch des Berliner Polizeipräsidenten, Freiherr von Richthofen, anläßlich des Verbots eines naturalistisch-sozialkritischen Dramas von Hermann Sudermann anno 1891. Und dies gilt noch mehr für die neue, daher besonders beargwöhnte Kunstrichtung Kabarett. Von Anfang an sitzen von der Polizei beschäftigte Spitzel in den Kabarettveranstaltungen und kontrollieren, ob die vorgetragenen Texte mit den von der Zensurbehörde genehmigten Textfassungen übereinstimmen. Denn Vortragstexte müssen bis zum Mittag des Vorstellungstages in doppelter Ausfertigung bei der zuständigen Stelle des Polizeipräsidiums zur Genehmigung eingereicht werden. Herumreisende Vortragskünstler befinden sich in der aberwitzigen Situation, in jeder Stadt, sogar für jedes einzelne Theater immer wieder aufs neue sich dieser Prozedur unterziehen zu müssen – und immer wieder unterschiedliche Passagen oder auch ganze Lieder gestrichen zu bekommen. Gründe, wenn sie denn angegeben werden, sind etwa »Verächtlichmachung des Patriotismus«, »Majestätsbeleidigung« oder »Überhitzung der Sinnlichkeit«. Mißachtungen werden mit Festungshaft bis zu einem Jahr geahndet! Prominentester »Einsitzer« war Frank Wedekind, der für seine despektierlichen Verse auf die Palästinareise des Kaisers zu sieben Monaten verurteilt wurde. Selbst der kaisertreue von Wolzogen mußte des öfteren um seine Konzession bangen.

Natürlich lassen sich die Zensierten manches einfallen, um ihre Texte oder doch zumindest ihre Intention beim Publikum anzubringen. Der Coupletsänger Otto Reutter (siehe Seite 28ff.) beispielsweise räuspert oft vielsagend an zensierten Stellen, auf die Intelligenz seines Publikums vertrauend. Prompt wird ihm bei der nächsten Vorlage des Textes die Pointe wieder gestrichen, diesmal aber mit dem Zusatz: »Diese Stelle darf weder gesungen noch geräuspert werden!« Auch »verdächtiges Schmunzeln« wird beanstandet. Reutter übertölpelt die Zensur schließlich folgendermaßen: »Damit mir der Zensor die kritischen Strophen gegen die Regierung, gegen Wilhelm II. und die Spitzen durchließ, hängte ich an die vier bis fünf bissigen Strophen immer einen versöhnlichen Vers an, der etwa sagte, daß trotz mancher Mißstände in Deutschland doch alles besser als anderswo sei. Das gefiel dem Zensor, er schloß daraus auf eine gesunde Grundtendenz des ganzen Couplets und strich somit nichts. Die Zensur war aber nicht darauf gekommen, den Sänger nun auch zu verpflichten, das ganze Couplet ohne jeden Strich zu singen. Da ließ ich nun die (...) Versöhnungsstrophe weg, und es blieben bloß die kritischen Verse übrig.«

Unterstützt werden diese rigiden Polizeimaßnahmen von Gesetzen, die teilweise noch aus den Folgejahren der bürgerlichen Revolution von 1848 stammen. Weder die Meinungsfreiheit noch die Freiheit der Künste sind in der Reichsverfassung von 1871 garantiert. Warum auch? Für den Monarchen liegt die Sache ganz klar: »Schwarzseher dulde ich nicht«, läßt er 1906 verlauten, »und wer sich zur Arbeit nicht eignet, der scheide aus, und wenn er will, suche er sich ein besseres Land.«

Die unglaublichste Blüte, die dieses selbstgerecht-ängstliche Nationalgefühl treibt, ist wohl der im Juli 1900 eingebrachte Gesetzesentwurf betreffs »Verletzungen des Scham- und Sittlichkeitsgefühls«, im Volksmund »Lex Heinze« genannt (nach dem ihn auslösenden Prozeß gegen den Berliner Zuhälter Heinze). Er sieht ein Verbot jeglicher Darstellung von Nacktheit vor, was dazu führt, daß die übereifrigen Leiter der Münchener Glypothek den antiken Plastiken kurzerhand Feigenblätter aus Papier verpassen ... Dieses Ereignis war unter anderem die Initialzündung für die Gründung der ›Elf Scharfrichter‹, die wie viele andere Cabarets die Zensur zu umgehen versuchten, indem sie ihre Vorstellungen als geschlossene Veranstaltungen deklarierten – und die ihnen so entgangenen Eintrittseinnahmen in Form von überhöhten Garderoben- und Ausschankpreisen wieder hereinholten.

Auch das 1902 im ersten Stock des Berliner Restaurants ›Zur Stadt Pilsen‹ etablierte Kabarett ›Zur grünen Minna‹ von Max Mackott (?–nach 1930) verfiel auf diesen Trick. Der Schriftsteller und Maler trug den hier abgedruckten Text dort 1903 vor, in einer Vertonung von Richard Francke (1868–?).

Julius Freund: Donnerwetter, tadellos!

Garde meist sehr exklusiv, von feudalem Geist,
Sieht auf Bürgerpack nur schief, weil der Grundsatz heißt:
»Adelsprädikat bezweckt, daß kein Plebs uns naht,
Völlig wertlos so'n Subjekt ohne Prädikat!«
Besteigen wir keck die Schabracken,
Da geben wir allen was vor –
Man kennt die Manöverattacken
Der Jungens vom Garde du Corps!
   Donnerwetter, Donnerwetter, wir sind Kerle!
   Bei Kritik sagt Majestät: Famos! Famos!
   Donnerwetter, jeder Einzelne 'ne Perle!
   Also wirklich: Donnerwetter, tadellos!

Hoppegarten! Die Armee! Kurzes Stoßgebet –
Weil für Ruhm und Portemonnaie viel am Spiele steht!
Nervige Hand den Gaul verhält – Leistung kolossal!
Bis das ganze andere Feld ausgepumpt total!
Dann geben wir plötzlich die Hacken
Und gehn wie der Wirbelwind vor –
Man kennt die Rennplatzattacken
Der Jungens vom Garde du Corps!
   Donnerwetter, Donnerwetter, wir sind Kerle!
   Holen uns im Sattel Renommee und Moos!
   Donnerwetter, jeder Einzelne 'ne Perle!
   Also wirklich: Donnerwetter, tadellos!

In der schneid'gen Uniform Knappheit prononciert!
In der Haltung, in der Form Schlappheit zart markiert!
Schultern etwas vorgehängt, ein Parfum am Leib,
Das pikant zusammendrängt Stall und Sekt und Weib!
Der Teufel sitzt uns im Nacken,
Die Weiber leihn uns ihr Ohr –
Man kennt die Liebesattacken
Der Jungens vom Garde du Corps!

Donnerwetter, Donnerwetter, wir sind Kerle!
Frauenandrang manchmal geradezu grandios!
Donnerwetter, jeder Einzelne 'ne Perle!
Also wirklich: Donnerwetter, tadellos!

Das vergnügungssüchtige Berlin braucht immer neue Attraktionen. Schon im Jahre 1900 bietet Berlin mit seinen 30 Bühnen von der Hofoper bis zum Zirkus eine tägliche Kapazität von 45 000 Sitzplätzen. Mit der ›Brettl‹-Welle kommen noch einmal tausende dazu. Täglich besuchen etwa 5000 Fremde die Hauptstadt. So schielen die geschäftstüchtigen Berliner wieder einmal nach Paris: Die ›Revue de fin d'année‹, die jedes Jahr im Dezember noch einmal die Pariser Ereignisse des Jahres in Sketchen und Couplets gründlich unter die Lupe nimmt, ist dort seit den 30er Jahren des vorigen Jahrhunderts bekannt und beliebt. Ab 1886 erlebte sie eine neue Blüte in den ›Folies-Bergère‹, nun allerdings mehr Ausstattungsrevue denn politisch-satirische Schelte. Der Direktor des 1898 in der Linden-Passage eröffneten, äußerst eleganten Metropol-Theaters versucht sich, neben Operettenvorstellungen, erstmals 1903 an dieser neuen Form: ›Neuestes-Allerneuestes‹ heißt denn auch ganz richtig diese erste deutsche Jahresrevue – und wird mit über 300 ausverkauften Vorstellungen zum beispiellosen Erfolg! In einem zeitgenössischen Bericht heißt es: »Eines von den Ereignissen, die man in Berlin mitmachen muß. Eine von den Sensationen, über die man in jedem Salon sprechen muß. Was Wunder, daß um die Karten zur Premiere schon Wochen vorher ein stiller, aber um so erbitterter Kampf ausgefochten wird. Es ist wie ein Ringen an der Börse, die Karten steigen und fallen im Kurs, der in den letzten Stunden, bevor der Vorhang sich hebt, schwindelerregend in die Höhe geschraubt wird. Hundert Mark ist kein zu geringer Preis für einen Fauteuil. (…) Eine Premiere in der Großen Oper oder eine Burgtheater-Premiere sind Arme-Leute-Bälle dagegen.«

Das Strickmuster der bis 1912 existierenden Jahresrevuen ist stets dasselbe: Eine allegorisch-phantastische Figur der Rahmenhandlung (die Zeit, Venus, der Satan) beschließt, auf die Erde hinabzusteigen und sich über das Treiben dort aus erster Hand zu informieren (ein Stilmittel der Satire, dessen sich schon Jacques Offenbachs Operetten bedienten). Zu ihr gesellt sich ein irdischer »Fremdenführer«, der sie nun von Szene zu Szene führt und so den roten Faden für die heterogenen Gesangs-, Tanz- und Komikeinlagen schafft. Die Metropol-Revue ist aus heutiger Sicht ein tolldreistes Sammelsurium von derb-sexistischer Erotik, chauvinistischer Hohenzollernverehrung, spitzfindigen Pointen und ausstattungsfreudiger Leistungsschau. Sie bringt aber viele der wichtigsten darstellerischen und musikalischen Talente ihrer Zeit hervor, allen voran Fritzi Massary (siehe Seite 57ff.), den Komiker Guido Thielscher und den eleganten Joseph Giampetro (1866–1913), der auch das hier abgedruckte Lied in der gleichnamigen Revue 1908 kreiert. Der Titel geht zurück auf einen Lieblingsausspruch Kaiser Wilhelms II., der dann auch prompt seinem Offizierskorps den Besuch der unschicklichen Revue verbietet. Als der Kronprinz sich dennoch eine Stippvisite erlaubt, bekommt er Zimmerarrest. Interessant ist auch die dem Lied folgende Szene: Hier stellt sich nämlich das vermeintliche Musterexemplar preußischen Militärgeists als erster bürgerlicher Leutnant heraus, der mit den neuen Anforderungen so seine Probleme hat: »Das ›äh, äh‹ machen fällt mir noch etwas schwer. (...) Kameraden haben mich gefragt, ob ich mir so ohne ›von‹ davor nicht wie nackt vorkäme. Auch meine hochklassige englische Fuchsstute hat mich abgeschmissen, als wollte sie sagen: ›Habe Stammbaum, trabe unter keinem bürgerlichen Jardeleutnant‹.« Darauf stellt der Kommandeur dankbar fest: »Es ist'n wahres Glück, daß Sie nicht auch noch Israelite sind!« Ein aufschlußreiches Indiz dafür, daß der Antisemitismus in Deutschland schon vor Hitler auf breiten Konsens stieß ...

Die schmissige Musik zu dem bald zum Gassenhauer avancierenden Marsch schrieb der erfolgreiche Operettenkomponist Paul Lincke (1866–1946), der die Premiere in violettem Frack und weißen Glacéhandschuhen mit einem edelsteinbesetzten Taktstock dirigierte. Berliner Dekadenz auf ihrem Höhepunkt!

Otto Reutter: Berlin ist ja so groß

Berlin wird immer größer, es hat Peripherien,
Die immer weiter werden im Weichbild von Berlin.
Lebt man auch dort jahrein, jahraus,
Man kennt sich niemals ständig aus.
Berlin ist ja so groß – so groß – so groß –
Denkt man, man kennt Berlin,
Dann ist's schon wieder größer,
Als wie es früher schien.

Ein Eh'mann kommt nach Hause nach viere in der Nacht.
Sie sagt: »Um drei da werden die Kneipen zugemacht;
Du kommst nach Hause erst nach vier …?«
Er sagt: »Ick hab' verloofen mir!
Berlin ist ja so groß – so groß – so groß –
Ick kam woanders hin.
Wer hier nicht richtig uffgepaßt,
Ist gleich woanders drin.«

Mir sagt ein alter Gauner: »Der Bruning war sehr dumm.
Ick leebe ooch vom Stehlen und loofe frei herum.
Nie werd' ick in die Fremde zieh'n.
Man lebt viel sich'rer in Berlin.
Berlin ist ja so groß – so groß – so groß –
Sucht man im Westen flink,
Dann bin ick längst im Osten
Und dreh' ein neues Ding.«

Man baut jetzt ein Theater, fünftausend gehen rin.
Man kann nischt hör'n und sehen in solchem Raume drin.
Doch dem Direktor, dem gelingt's.
Er denkt bei sich: »Die Masse bringt's.
Berlin ist ja so groß – so groß – so groß –
Kommt jeder einmal her
Und sieht, daß er nischt seh'n kann,
Dann bin ich Millionär.«

Es steht vor einer Droschke ein alter Droschkengaul.
Da meldet sich ein Fahrgast, doch er bleibt müd und faul.
Er denkt: Ick soll von W. nach N. –
Wer weeß, ob ick so lange renn' –
Berlin ist ja so groß – so groß – so groß –
Zum Kutscher sagt das Tier:
»Ach, koof dir lieber 'n Auto
Und mach' 'ne Wurscht aus mir.«

In dem Berliner Westen steh'n Kinos stolz und fein.
Die Ufa baut Paläste ins ufa-lose 'rein.
Und jeder Kientopp geht wie toll,
Die ganzen Töppe werden voll.
Berlin ist ja so groß – so groß – so groß –
Da loofen alle hin.
Wer aus dem einen 'raus kommt,
Fällt in den andern 'rin.

Ein Mägdelein poussierte in jedem Nachtlokal;
Dann kam der Storch. – Ich traf sie mit ihrem Kinde mal.
»Wer ist der Vater«, fragt' ich leis'.
Da sagt' sie sehr betrübt: »Wer weiß ...?
Berlin ist ja so groß – so groß – so groß –
Ick nenn' den Bengel da
Georg Max Bernhard Heinrich – gekürzt: G.m.b.H.!«

Es sitzt ein Urberliner im Gartenrestaurant
Und lauscht auf einen Vogel, der in den Zweigen sang.
Da fällt von oben was ins Bier.
Da sagt der Mann: »Warum bei mir?
Berlin ist ja so groß – so groß – so groß –
Du bist so'n kleenes Tier –
Und was du machst, det machste
Grad ausgerechnet hier.«

Neben den Kabaretts, Theatern und Revuepalästen gibt es einen weiteren großen Bereich des organisierten Amüsements: das Varieté. Aus England über Frankreich kommen die »music halls« um 1880 nach Deutschland: Prächtige Bauten mit pompöser Innenausstattung und Bewirtung. 1907 zählt man in Deutschland über 115 Varietés in 66 Städten – und das Publikum strömt, sogar mehrmals täglich. Zu sehen bekommt es Akrobaten, Komiker, Stimmungssänger und Tänzerinnen, Magiere, Tierdresseure und »Wunder der Natur«, sowie wissenschaftliche Experimente und Erfindungen (so findet etwa die erste deutsche Kinovorführung 1895 im Berliner Wintergarten-Varieté statt). 1899 gibt hier ein Mann sein Debüt, der noch heute als Meister des Couplets gilt: Otto Reutter (eigentlich Otto Pfützenreuter, 1870–1931).

Aus ärmlichen Verhältnissen kommend und fast ohne Schulbildung, zieht Reutter nach einer Kaufmannslehre ab 1890 mit den ›Karlsruher Volkssängern‹ und anderen Truppen durch Baden, die Schweiz und Österreich. Als Bühnenarbeiter und Statist schlägt er sich an kleinen Bühnen durch und beginnt nebenbei humoristische Einakter und Couplets zu schreiben. Diese spezielle Liedform lebt von der unerwarteten und witzigen Verknüpfung zweier Ebenen – der sich verändernden Vorstrophe und des immer wiederkehrenden Refrains (im Deutschen daher »Kehrreim« genannt). Die unterschiedlichsten Bereiche können hier in einem Lied behandelt werden, zusammengehalten (und oft nachträglich mit neuem Sinn versehen) nur durch die Refrainzeilen – die das Publikum spätestens nach der dritten Strophe so gut kennt, daß es mit Spaß auf die nächste Wendung wartet. Kenner sprechen vom Couplet auch als Form des parataktischen Denkens (das heißt, es reiht sich unabhängig Einfall an Einfall), im Gegensatz zum oft eine Geschichte erzählenden Chanson, das hypotaktisch, also logisch aufeinander aufbauend, geschrieben ist.

Reutter erkennt die Möglichkeiten, die die Coupletform bietet, und perfektioniert sie sein Leben lang: nämlich die ständige, tagespolitisch aktuelle Erneuerung und Vermehrung der Strophen (die ihm, dem eigentlich Konservativen, in der Wilhelminischen Zeit immer wieder Ärger mit der Zensur einbringen; siehe Seite 23f.). Kurt Tucholsky äußert sich 1932 in einem Nachruf begeistert über Reutter: »Er hatte gegen eine Sprache zu kämpfen, die schwerfällig ist, die man erst biegen und kneten muß, mit der man Jahre und Jahre zu üben hat, bis sie tanzt; bei ihm hopste sie. (...) Wie das sitzt! Wie das klappt! Wie das abläuft, wie Wasser einen Berg herunter, es kann gar nicht anders heißen, und das ist immer das Kennzeichen eines gut sitzenden Verses ... Diese Refrains, die er zum Schluß gar nicht mehr vortrug, er bewegte nur noch die Lippen und ließ das Publikum die Pointe erraten – er verstand sein Handwerk.«

Reutter unterscheidet sich von anderen Volkssängern vor allem dadurch, daß er in seinen Texten den Alltag glossiert und nicht Salon-Pikanterien fernab des Erfahrungshorizonts seines Publikums zum besten gibt. Auch sein Auftreten ist eigenwillig: Vollkommen stillstehend, mit scheinbar schüchtern über den massigen Bauch gelegten Händen, schnarrt er mit rollenden Rs leise seine Texte in dem ihm eigenen Sprechgesang in den Saal, dabei nur auf seine Mimik und die tellergroßen Augen vertrauend. Noch heute kann man seine Vortragskunst an über 150 aufgenommenen Phonographenwalzen und Schellackplatten studieren, denn Reutter erkennt früh die popularitätsfördernden Möglichkeiten der neuen Medien. Rastlos gibt er weltweit Gastspiel auf Gastspiel, dem Varieté treu bleibend, das durch ihn eine neue Blüte erlebt. 1931 stirbt der schwer Herzkranke nach einem Auftritt in Düsseldorf.

Reutter hinterläßt über 1000 selbstvertonte Couplets; seine bekanntesten sind *Der Überzieher* (siehe Seite 131ff.), *Ick wunder' mir über jarnischt mehr, Nehm'n Se'n Alten* und *In 50 Jahren ist alles vorbei.* Das hier augewählte Couplet kreierte Reutter als Einlage in der Metropol-Revue ›Chauffeur – ins Metropol!‹ (1912) und behielt es bis an sein Lebensende im Repertoire. Bis zu 16 Strophen soll es in Spitzenzeiten gehabt haben! Seine andauernde Aktualität bezog das Couplet aus der sich stetig vergrößernden Stadtfläche: Nannte Berlin 1820 ganze 198 000 Seelen sein eigen, schwoll die Stadt bis 1900 auf rund 2,5 Millionen Einwohner an, um schließlich durch die Verwaltungsreform 1920 als »Stadtgemeinde Groß-Berlin« insgesamt 3 858 000 Menschen zu beherbergen.

Walter Mehring: Berlin simultan

Im Autodreß ein self-made-gent,
Passage frei! Der Präsident!
Die Heilsarmee
Stürmt das Cafe.
Ein Jeistprolet verreckt im Dreck.
Ein Girl winkt mit dem Schottenband.
Ein Kerl feilscht am Kokottenstand.
Her mit'm Scheck –
Schiebung mit Speck!
Is alles schnuppe –
Komm süße Puppe
Ob Keilerei
Jeknutsch –
Eins zwei drei
Rrrrutsch mir den Puckel lang
Puckel lang

Der Berolina
Kutsch auf dem Schuckelstrang
»Jroße Ballina!«
Berlin Berlin!
Bei Mutter Jrün
Kann jeder mang, kann jeder mang, kann jeder mang!

Das Volk steht auf! Die Fahnen raus!
Bis früh um fünfe kleine Maus!
Im Ufafilm
Hoch Kaiser Wil'm.
Die Reaktion flaggt schon am Dom.
Mit Hakenkreuz und Blaukreuzgas,
Monokel kontra Hakennas,
Auf zum Pogrom
Beim Hippodrom!
Is alles Scheibe –

Bleibt mir vom Leibe –
Mit Wahljeschrei
Und Putsch
Eins zwei drei
Rrrrutsch mir den Puckel lang
                                        Puckel lang

Der Berolina
Kutsch auf dem Schuckelstrang
»Jroße Ballina!«
Berlin Berlin!
Die Rot'n und die Jrün'n –
Berlin zieht blank, Berlin zieht blank, Berlin zieht blank!

Wem nie gelang der jroße Wurf
Bei Börsenbaisse, beim jrünen Turf –
Wer nie sich fiehlt
Und Lude spielt!
Die Juden raus! Die Bäuche rein!
Mit Yohimbim zum Massenmord,
Hoch National der Klassenhort!
Vom Fels zum Meer und Leichenstein –
Allens det jleiche:
Biste erst Leiche –
Wozu's Jeschrei?
Und futsch!
Eins zwei drei
Rrrrutsch mir den Puckel lang
                                        Puckel lang

Der Berolina
Kutsch auf dem Schuckelstrang
»Jroße Ballina!«
Liegste im Jrien'n –
Pfeift oben Berlin
Die Rasenbank, die Rasenbank, die Rasenbank!

Der Erste Weltkrieg erschüttert die Weltpolitik in ihren Grundfesten. Zu Beginn, im August 1914, noch freudetaumelnd begrüßt, entpuppt er sich spätestens mit der (Material-)Schlacht bei Verdun (1916) als menschenverachtendes Massenmorden. Der Kaiser, der am Tag der Mobilmachung unter dem Jubel der Menge noch heuchelnd verkündet hatte: »Wenn es zum Kriege kommen soll, hört jede Partei auf, wir sind nur noch deutsche Brüder«, flieht 1918 in die Niederlande und dankt ab. Er stirbt dort, immer noch auf die Wiedereinführung der Monarchie in Deutschland hoffend, 1941.

Auch das deutsche Unterhaltungswesen macht sich mitschuldig. Nach einmonatigem Spielverbot eröffnen die Theater wieder mit patriotischem Tschingtara und lassen keine Peinlichkeit aus: ›Immer feste druff!‹, ›Waffen her!‹ oder ›Der Kaiser rief‹ heißen nun die patriotischen Revuespektakel, in denen Refrains vorherrschen wie »Der Soldate, der Soldate / Ist der schönste Mann im Staate«. Und kaum einer der großen Stars oder auch Intellektuellen nimmt Abstand vom Kriegstaumel. Die Bilanz dieses Krieges im November 1918: 10 Millionen Tote und doppelt so viele Verwundete, nicht gerechnet die zahllosen Verhungerten. Doch selbst dafür findet der wohl skrupelloseste der Berliner Revuemacher, James Klein, noch einen Titel: ›Die Welt geht unter! – Große Varieté-Ausstattungsschau in vielen Bildern‹ …

Eine Gruppe, die sich entschieden von den Greueln des Ersten Weltkrieges abwendet, sind die Dadaisten um Hugo Ball (1886–1926). Dem ehemaligen Münchener Theaterdramaturgen und Kriegsfreiwilligen gelingt es 1915, nach Zürich zu desertieren, dem damaligen Sammelbecken für Pazifisten. Dort gründet er am 5. Februar 1916 mit seiner Frau, der Chansonniere Emmy Hennings (1885–1948), das ›Cabaret Voltaire‹. Anfänglich noch ganz dem literarisch-expressionistischen Kabarett (van Hoddis, Lasker-Schüler, Liechtenstein) und dem modernen Kunstlied (Debussy, Schönberg) verpflichtet, bringt der dazustoßende Berliner Arzt und Schriftsteller Richard Huelsenbeck (1892–1974) erstmals das lautmalerisch-groteske Element ein, das wir heute unter dem Phantasiebegriff »Dada« verstehen: Gedichte, die die Syntax aufbrechen, in denen Worte zu Lauten zusammenschrumpfen, oftmals rhythmisch untermalt von Trommeln, Schreibmaschinen und ähnlichem. Dieser Entwicklung zugrunde liegt das berechtigte Mißtrauen einer Sprache gegenüber, die sich zu propagandistischen Zwecken mißbrauchen läßt und die die Dadaisten zerstören als Gleichnis für das Chaos der europäischen Selbstzerstörung. Als Huelsenbeck 1917 wieder nach Berlin zurückkehrt, gründet er auch hier eine Dadaisten-Gruppe. Mit von der Partie ist (neben den Grafikern George Grosz und John Heartfield) der junge Dichter Walter Mehring (1896–1981), der auch bald an Max Reinhardts 1919 gegründetem Kabarett ›Schall und Rauch‹ mitarbeitet. Reinhardt (1873–1943), Berlins bedeutendster Theaterregisseur, regt ihn schließlich an, Chansontexte zu schreiben. Und tatsächlich wird Mehring zu einem der wichtigsten Textlieferanten der 20er Jahre. Er vereint in seinen Chansons mit seismografischem Gespür die literarisch-stilistischen wie sozialpolitischen Entwicklungen seiner Zeit: die Hektik der Großstadt, die Unsicherheit des politischen Fortgangs in der jungen, 1918 von Philipp Scheidemann ausgerufenen Republik, die trotzige Kodderschnauze des Durchhalte-Berliners, das Lautmalerische der Dadaisten, das Zupackend-Überzeichnende der Expressionisten – all das fließt in den hier abgedruckten, von Mehring etwas euphemistisch als »Erstes Original Dada-Couplet« bezeichneten Text ein. Es wird 1921, in der Vertonung von Friedrich Hollaender (siehe Seite 67ff.), zu einem großen Erfolg für Rosa Valetti (1876–1937). Sie ist die erste »Cabarettiere« in Deutschland mit ihrem 1920 gegründeten ›Cabaret Größenwahn‹, das sie 1922 gegen ihre Neugründung ›Die Rampe‹ tauscht. Ihr kompromißloses soziales und politisches Engagement lassen ihre Kabaretts zu den bedeutendsten ihrer Zeit werden und sind Sammelbecken für alle großen Talente dieser Jahre. »Häßlich wie die schwarze Nacht und platzend von lichtstarker Persönlichkeit« (so ihre Kollegin Trude Hesterberg), war die Valetti eine zentrale Figur der Berliner Unterhaltungsbranche: Ob als Mrs. Peachum in der Uraufführung der ›Dreigroschenoper‹ (1928) oder als Varietédirektorsgattin im Film ›Der Blaue Engel‹ (1930) – immer hinterließ sie einen verstörenden Eindruck mit ihrer bärbeißigen und präsenten Vortragskunst.

Joachim Ringelnatz: Balladette

Das war die sonst noch ziemlich fesche
Marie, die ihrem Prinzipal
In der Fabrik für Sterbewäsche
Drei schwarze Unterhosen stahl.

Und sandte, als es ruchbar wurde,
Dann das Gestohlene zurück.
Und diese mindestens absurde
Idee gereichte ihr zum Glück.

Der Prinzipal für Sterbewäsche,
Der nicht Karrieren gern verdarb,
Gab ihr so viel verdiente Dresche,
Daß sie ein Kind gebar und starb.

Walter Mehring fungiert auch als Entdecker neuer Talente für das Berliner Kabarett. So zum Beispiel im Falle Joachim Ringelnatz' (eigentlich Hanns Bötticher, 1883–1934). Der gebürtige Sachse landet nach einer wildbewegten Jugend (unter anderem als Matrose und Schaubudengehilfe) 1909 im berühmten Münchener Kabarett ›Simplicissimus‹. Er wird dort bald zum »Hausdichter« ernannt und macht als »sächsischer Seemann« Furore. Ab 1919 veröffentlicht er erstmals unter seinem Künstlernamen. Mehring holt ihn für das ›Schall und Rauch‹ nach Berlin; bald wandern aber beide zur ›Wilden Bühne‹ der jüngsten Theaterleiterin Deutschlands, Trude Hesterberg (siehe Seite 71ff.), ab. Dort tritt Ringelnatz mit seinen von perfekt ausgeführten Leibesübungen untermalten »Turngedichten« auf und mutiert mit aufgemalter Tätowierung zu seiner Lieblingsfigur, dem »Seemann Kutteldaddeldu«. »Seine scheue Dichterseele brauchte diese Maske des Seemanns, der nicht sicher auf dem Podium vor den ›feinen‹ Leuten stand«, erinnert sich der Conferencier Hellmuth Krüger (siehe Seite 100ff.). Und noch etwas braucht er zur Überwindung seines Lampenfiebers:

»Ringelnatz sagte: ›Und jetzt muß mir das p. p. Fräulein Direktor vertraglich neu einschenken, eh ich weiterrede.‹ (...) ›Kuttel Daddeldu‹ kam also gemächlich mit seinem Seemannsgang zur Kulisse geschaukelt, mein Arm schoß hervor mit der Flasche und schenkte ihm sein leeres Glas wieder voll. Dies wurde zu einer ständigen und vielbelachten Einrichtung. Ebenso wie der Tisch, den er regelmäßig zerschlug, wenn ihm ein Zuruf aus dem Publikum nicht paßte. Ich ließ das Möbel erst gar nicht wieder in Ordnung bringen, sondern erleichterte Ringelnatz die Arbeit, indem ich das Ding nur notdürftig zusammensetzte.« So die Hesterberg in ihren Memoiren.

Nach erfolgreichen Tourneen im In- und Ausland kommt 1933 das Aus für den wortgewandten Lebenskünstler. Die Nazis erteilen ihm Auftrittsverbot und erklären seine Werke für »unerwünscht«. Nicht weil aus seinen Texten eine eindeutig politische Haltung zu entnehmen gewesen wäre, sondern etwas, das den neuen Machthabern viel bedrohlicher erscheint: innere Unabhängigkeit, die in scharfem Gegensatz zu jeder bürgerlichen Ordnung und Neuordnung steht. Verbittert stirbt Ringelnatz ein Jahr darauf an TBC.

Der nebenstehende Text aus dem Jahre 1920 ist eine wunderbare Satire auf die beliebteste Form des Bänkelsangs, die Moritat. Seit dem 17. Jahrhundert zogen Bänkelsänger (»der, der auf einer Bank steht«) durch die Lande, um auf Märkten die neuesten Ereignisse als sogenannte »Gesungene Zeitung« ihren Zuhörern kundzutun. Ab dem 18. Jahrhundert wird der durch Geige, Harfe und später Drehorgel untermalte Vortrag noch durch Illustrationen unterstützt, die auf großen Wachstuchtafeln die packendsten Situationen darstellen. In ihrer plakativ-sensationslüsternen Deutlichkeit und unbeholfenen Poesie ist die Moritat oft eine Fundgrube unfreiwilliger Komik. Sie findet auch Eingang in die deutsche Literatur als tragikomische Ballade mit der für diese Form typischen warnend-erbaulichen Schlußmoral (etwa bei G.A. Bürger) und ist bis zum Beginn des 20. Jahrhunderts bei den niederen Ständen als sogenanntes »Küchenlied« beliebt. Auch Wedekind (siehe Seite 18f.) und Brecht (siehe Seite 41ff.) lassen sich von dieser Gedichtform inspirieren.

Klabund: Ich baumle mit de Beene

Meine Mutter liegt im Bette,
Denn sie kriegt das dritte Kind;
Meine Schwester geht zur Mette,
Weil wir so katholisch sind.
Manchmal troppt mir eine Träne,
Und im Herzen puppert's schwer;
Und ich baumle mit de Beene,
Mit de Beene vor mich her.

Neulich kommt ein Herr gegangen
Mit 'nem violetten Schal,
Und er hat sich eingehangen,
Und es ging nach Jeschkenthal!
Sonntag war's. Er grinste: »Kleene,
Wa, dein Port'menee is leer?«
Und ich baumle mit de Beene,
Mit de Beene vor mich her.

Vater sitzt zum 'zigsten Male
Wegen »Hm« in Plötzensee,
Und sein Schatz, der schimpft sich Male,
Und der Mutter tut's so weh!
Ja, so gut wie der hat's keener,
Fressen kriegt er und noch mehr,
Und er baumelt mit de Beene,
Mit de Beene vor sich her.

Manchmal in den Vollmondnächten
Ist mir gar so wunderlich:
Ob sie meinen Emil brächten,
Weil er auf dem Striche strich!
Früh um dreie krähten Hähne,
Und ein Galgen ragt, und er ...
Und er baumelt mit de Beene,
Mit de Beene vor sich her.

Die Entwicklung des Dichters und Dramatikers Klabund (eigentlich Alfred Henschke, 1890–1928) weist viele Parallelen und Überschneidungen mit den Biographien anderer Künstler auf. Als Germanistikstudent lernt er 1909 Frank Wedekind kennen und verfällt – wie Brecht – seinen Lautenliedern, die ihn (neben der Argot-Lyrik Hans Hyans und der Vagantenpoesie François Villons) zu eigenen Gedichten anregen. Er trägt sie – wie Ringelnatz – erstmals im ›Simplicissimus‹, dann im ›Schall und Rauch‹ vor und findet einen frühen Förderer in dem gefürchteten Kritiker Alfred Kerr (1867–1948). Wie Mehring veröffentlicht Klabund expressionistische Lyrik und nimmt in Zürich Kontakt mit dem ›Cabaret Voltaire‹ auf. Seinem in der Schweiz öffentlich bekundeten Pazifismus (der ihm prompt Gefängnis einbringt) ging die allgemeine glühende Kriegsbegeisterung voraus, die in einem Chanson gipfelte, dem Trude Hesterberg ihre durchdringende Stimme lieh: »Brüder, laßt uns Arm in Arm / In den Kampf marschieren! / (...) Sonnenschrift im Dunkeln / Läßt die Worte funkeln: / Freies deutsches Land! / Hebt die Hand empor: / Kriegsfreiwillige vor!«

Klabunds Chansontexte, die nur einen kleinen, aber wichtigen Teil seines Schaffens ausmachen, leben von ihrer volkstümlich-märchenhaften Poesie, ihrer Verletzbarkeit, die noch durch die ruppigste »Berliner Schnauze« durchschimmert. Der stets kränkliche und früh an TBC sterbende Dichter mag sich hier seelenverwandt gefühlt haben mit den physisch wie sozial Schwachen der Hinterhöfe, die er immer wieder in seinen Texten zu Wort kommen läßt. Ideale Interpretin seiner Texte wird Blandine Ebinger (1899–1993), die mit ihrer zarten Gestalt und ärmlichen Kostümierung dem nebenstehenden Chanson 1921 im Café Größenwahn zu erschütternder Eindringlichkeit verhilft. Ihr Mann, Friedrich Hollaender, wird von diesem Text zu seinem Zyklus ›Lieder eines armen Mädchens‹ inspiriert, die das Ehepaar berühmt machen (siehe Seite 67ff.).

Interessant sind hierbei auch die Vertonungen: Während Hollaender 1921 ein freundliches Dur für seine fast schmissige, eingehende Melodie verwendet (die nur in einigen versteckten Akkorden die scheinbare Harmlosigkeit als Larve erkennen läßt), setzt

Edmund Nick (1891–1974) in einer späteren Bearbeitung voll auf Tragik verheißendes Moll. Die Haltung der vortragenden Diseuse (am bekanntesten die hinreißende Aufnahme Hanne Wieders) bekommt so etwas Reflektierendes, abrückend von der zu solch intellektueller Haltung nicht unbedingt fähigen Figur, auf die die kindliche Ebinger (noch unterstrichen durch ihr Armes-Mädchen-Kostüm) setzte. Auch der Schluß erhält eine andere Gewichtung: Bei Hollaender sind die vom Galgen baumelnden Beine des Geliebten durch das Tempo und die Naivität der Melodie ein »Hoppla«-Effekt für Vortragende wie Publikum, bei Nick steuert die Vertonung von Anfang an auf diesen gruseligen Höhepunkt hin (was aber dem Couplet nichts von seiner Eindringlichkeit nimmt).

Blandine Ebinger (etwa 1925)

Bertolt Brecht: Apfelböck oder Die Lilie auf dem Felde

Im milden Lichte Jakob Apfelböck
Erschlug den Vater und die Mutter sein
Und schloß sie beide in den Wäscheschrank
Und blieb im Hause übrig, er allein.

Es schwammen Wolken unterm Himmel hin
Und um sein Haus ging mild der Sommerwind
Und in dem Hause saß er selber drin
Vor sieben Tagen war es noch ein Kind.

Die Tage gingen und die Nacht ging auch
Und nichts war anders außer mancherlei
Bei seinen Eltern Jakob Apfelböck
Wartete einfach, komme was es sei.

Und als die Leichen rochen aus dem Spind
Da kaufte Jakob eine Azalee
Und Jakob Apfelböck, das arme Kind
Schlief von dem Tag an auf dem Kanapee.

Es bringt die Milchfrau noch die Milch ins Haus
Gerahmte Buttermilch, süß, fett und kühl.
Was er nicht trinkt, das schüttet Jakob aus
Denn Jakob Apfelböck trinkt nicht mehr viel.

Es bringt der Zeitungsmann die Zeitung noch
Mit schwerem Tritt ins Haus beim Abendlicht
Und wirft sie scheppernd in das Kastenloch
Doch Jakob Apfelböck, der liest sie nicht.

Und als die Leichen rochen durch das Haus
Da weinte Jakob und ward krank davon.
Und Jakob Apfelböck zog weinend aus
Und schlief von nun an nur auf dem Balkon.

Es sprach der Zeitungsmann, der täglich kam:
Was riecht hier so? Ich rieche doch Gestank.
In mildem Licht sprach Jakob Apfelböck:
Es ist die Wäsche in dem Wäscheschrank.

Es sprach die Milchfrau einst, die täglich kam:
Was riecht hier so? Es riecht, als wenn man stirbt!
In mildem Licht sprach Jakob Apfelböck:
Es ist das Kalbfleisch, das im Schrank verdirbt.

Und als sie einstens in den Schrank ihm sahn
Stand Jakob Apfelböck in mildem Licht
Und als sie fragten, warum er's getan
Sprach Jakob Apfelböck: Ich weiß es nicht.

Die Milchfrau aber sprach am Tag danach:
Ob wohl das Kind einmal, früh oder spät
Ob Jakob Apfelböck wohl einmal noch
Zum Grabe seiner armen Eltern geht?

Er sang zur Gitarre seine Lieder mit spröder Stimme, etwas monoton und sehr ungeschult: Nie hat mich ein Sänger so begeistert und erschüttert.« Von dem da die Rede ist, das ist wieder einmal Frank Wedekind. Und der, der es sagte (und auf dessen Vortragsart diese Beschreibung ebenfalls zutrifft) Bertolt Brecht (1898–1956). Früh begeistert er sich für das ›Brettl‹, besonders für den Komiker Karl Valentin (1882–1948), in dessen Ensemble er zeitweilig mitspielt (und 1923 mit ihm und Blandine Ebinger den grotesken Stummfilm ›Mysterien eines Frisiersalons‹ dreht). Wieder einmal ist es Mehring, der das junge Talent entdeckt, und im Januar 1920 steht Brecht mit seiner Laute in der ›Wilden Bühne‹. In seinem breiten Augsburger Dialekt trägt er zuerst das obenstehende Lied und dann *Die Legende vom toten Soldaten* vor. Die Hesterberg erinnert sich: »Es wurde ein solider, handfester Skandal mit Pfiffen und allem Drum und Dran. Ausgelöst wurde er dadurch, daß Brecht im zweiten Song steckenblieb (...) Schon vorher, bei seiner ersten Ballade, kam nur zögernd Applaus. Aber dann, als er (...) mit der Strophe begann: ›Und als der Krieg im vierten Lenz / Keinen Ausblick auf Frieden bot / Da zog der Soldat die Konsequenz / Und starb den Heldentod‹, ging der Tumult los. Ich mußte notgedrungen den Vorhang fallen lassen, um dem Radau ein Ende zu machen, und Walter Mehring ging vor den Vorhang und sagte jene bedeutsamen Worte: ›Meine Damen und Herren, das war eine große Blamage, aber nicht für den Dichter, sondern für Sie! Und Sie werden sich noch eines Tages rühmen, daß Sie dabeigewesen sind!‹« Diese einzige Erfahrung Brechts auf einer Kabarettbühne trübte aber nicht das Verhältnis zur Prinzipalin, der er 1931 die Rolle der Witwe Begbick in der Uraufführung seines Werks ›Aufstieg und Fall der Stadt Mahagonny‹ (Musik: Kurt Weill) anvertraute. In Kurt Weill (1900–1950) findet Brecht den kongenialen Partner, mit dem er eine neue Form des musikalischen Theaters, das »Songspiel«, begründet: Intellektueller als das musikalische Lustspiel oder Musical, aber gelöst von der Starrheit der Oper – so könnte man seinen Charakter heute grob umschreiben. Das bekannteste ihrer Werke ist ›Die Dreigroschenoper‹ (1928), deren Songs inzwischen Evergreen-Charakter haben. Keine Diseuse, die nicht einmal das *Schiff mit den acht Segeln* gesichtet und sich an der dramaturgisch richtigen Betonung des Wortes »Hoppla!« versucht hat. Auch das Lied *Surabaya-Johnny* aus dem Songspiel ›Happy End‹ (1929) gehört mit seiner Zeile »Nimm doch die Pfeife aus dem Maul, du Hund« zum deutschen Diseusenpflichtprogramm (und gerät nur allzuoft zur billigen Schmonzette).

Schon im darauffolgenden Jahr erheitert die Kabarettszene ein Chanson aus der Feder von Erich Kästner (siehe Seite 122ff.) mit dem Titel *Surabaya-Johnny II*: »Du hast gelogen, Johnny, du bist nicht echt / Du bist nicht gereist, Johnny / Du bist nicht von Kipling, Johnny / Nimm die Pfeife raus. Du bist von Brecht!« Hintergrund dieses Literaten-Spaßes war die allseits bekannte Tatsache, daß Brecht sehr großzügig mit dem geistigen Gut anderer Autoren umging und ungehemmt ganze Textpassagen ungekennzeichnet übernahm. So sind etwa in der ›Dreigroschenoper‹ Passagen des

Schlußgesangs Mackie Messers von François Villon (ca. 1431–nach 1463) geklaut, der *Kanonen-Song* lehnt sich sehr eng an einen entsprechenden Text von Rudyard Kipling (1865–1936) an. Als der Kritiker Alfred Kerr Plagiatsvorwürfe erhebt, antwortet Brecht, er habe die Namensnennung lediglich vergessen, und er gesteht eine »grundsätzliche Laxheit« in Fragen des geistigen Eigentums ein. Kurt Tucholsky nennt ihn daraufhin nur noch »den Herrn Lax«. Neueste biographische Untersuchungen belegen überdies, wie Brecht es verstand, die Leistungen seiner Mitarbeiterinnen als eigene darzustellen und diese Frauen auch in einem physischen Abhängigkeitsverhältnis zu halten (etwa Elisabeth Hauptmann, Margarete Steffin oder Ruth Berlau). Es scheint, als ob Brecht ohne Vorlage nicht hätte kreativ werden können; eine fast journalistische Herangehensweise an Dichtung, die durch seine umfassende Dialektik-Theorie gestützt wird.

Auch bei der hier abgedruckten, 1920 erstmals veröffentlichten Ballade diente (neben Wedekinds *Tantenmörder*, siehe Seite 18) ein realer Fall als Vorlage, nämlich der in den Zeitungen 1919 ausführlich behandelte Elternmord des 13jährigen Jakob Apfelböck in München.

Hier stellt sich Brecht allerdings sehr bewußt in die Tradition der Moritat und »Gesungenen Zeitung«, die er ob ihres zugreifenden, einfachen, handlungsbetonten Charakters liebte. Immer wieder verwendet er diese Liedform in seinen Stücken – am bekanntesten ist wohl die *Moritat von Mackie Messer* (»Und der Haifisch, der hat Zähne«) aus der ›Dreigroschenoper‹, in der Brecht sogar einen Bänkelsänger auf die Bühne stellt.

Doch ist der *Apfelböck* auch gleichzeitig intellektuell-gesellschaftskritische Parodie der Moritat: Denn die Tat, die im Bänkelsang immer als grausiger Höhepunkt am Schluß präsentiert wird, findet hier bereits in der ersten Strophe statt. Als zermürbend hingegen wird bei Brecht das Fortschreiten des Alltags dargestellt, in dem er die wahre Bedrohung für das Individuum sieht.

Marcellus Schiffer: Maskulinum – Femininum

War ein Maskulinum und ein Femininum,
Hatten beide sich so gern!
Sprach das Maskulinum zu dem Femininum:
»Ich vertrau dir etwas ganz intern!
Du bist femininum, doch sehr maskulinum,
Ich bin maskulinum, doch sehr femininum.
So ein Maskulinum und ein Femininum,
Die sind heutzutage streng modern!
Darum, liebes Femininum, sei mein Maskulinum,
Ich dein Femininum und dann,
Was uns beiden fehlte,
Was uns beide quälte, ist vorbei.«

Und das Femininum ging als Maskulinum,
Trug 'nen Frack und einen Stock.
Und das Maskulinum ging als Femininum,
Trug die Haare lang und einen Rock.
Und das Femininum kämpft' fürs Maskulinum,
Und das Maskulinum kocht' fürs Femininum,
Doch das Maskulinum und das Femininum
Schossen beide einen Bock!
Ja, ja, denn das Femininum bleibt fürs Maskulinum
Doch das Femininum.
Und schwupps, was beiden fehlte,
Was sie beide quälte, war vorbei.

Denn ein Femininum bleibt ein Femininum,
Wo es weiter keiner sieht!
Und ein Maskulinum bleibt ein Maskulinum
Mit den Männern stets in Reih' und Glied!
Und das maskuline starke Femininum
Schenkt dem femininen schwachen Maskulinum
Etwas schwaches, starkes masku-feminines,
Einen kleinen Hermaphrodit!

Ja, ja, ein neutrales Neutrum;
Ein fatales Neutrum,
Ein totales Neutrum.
O Gott, wie dieses Maskulinum
Macht das Femininum nutt, nutt, nutt.

Diner, der auch seine ersten Schritte als Texter in Hesterbergs ›Wilder Bühne‹ macht, ist der elegante Marcellus Schiffer (1882–1932). »Ein blonder, knabenhaft schlanker Jüngling, dessen kluge, graublaue Augen ein Monokel zierte«, habe da 1923 vor ihr gestanden, erinnert sich die Hesterberg. Nach der Lektüre der ihr überreichten Gedichte und Chansons habe sie ihn sofort in den Reigen ihrer Hausautoren aufgenommen, da ihren Programmen bislang das »elegant persiflierende, katzenhaft-freundliche« Element gefehlt habe, das sie hier entdeckt: »Vor allem hatte er es auf die brüchig gewordene und versnobte bürgerliche Oberschicht abgesehen, die er schonungslos, aber mit Witz und niederträchtigem Charme bloßlegte.« Als ideale Personifizierung seiner Nonsens-Lyrik sollte sich bald seine spätere Frau Margo Lion (1899–1989) herausstellen, ein gertenschlankes Modell halbfranzösischer Herkunft. Mit snobistisch gespitztem Mündchen und verschlepptem französischen Akzent parodierte sie überzeugend die »Probleme« der dekadenten Gesellschaft (die einen Großteil des damaligen Publikums bildete): den modischen Schlankheitswahn etwa in dem Chanson *Die Linie der Mode* oder auch die Lust am Rollentausch und bisexuellen Spiel wie in dem obenstehenden Chanson oder in dem Terzett *Wenn die beste Freundin.* Dieses Lied aus der Revue ›Es liegt in der Luft‹ (1928) ist bis heute so bekannt, weil es die erste Schallplattenaufnahme von Marlene Dietrich ist. Mit Veilchensträußen am Dekolleté (seit Edouard Bourdets Tragödie ›Die Gefangene‹ von 1926 ein lesbisches Erkennungszeichen) rieben sich hier die Damen Lion und Dietrich stimmlich wie körperlich an ihrem Partner Oscar Karlweis – und aneinander.

Und die sexuelle Freiheit lag wirklich in der Luft: Zwar war der § 175 (der homosexuelle und sodomitische Handlungen unter

Strafe stellte) seit 1871 unverändert auch in der Weimarer Republik gültig, doch war durch die Arbeit des Sexualreformers Magnus Hirschfeld (1868–1935) seit dem Ersten Weltkrieg eine heftige Diskussion um das Thema der gleichgeschlechtlichen Liebe und ihrer gesellschaftlichen Akzeptanz entstanden. Die erste Aufklärungsfilmwelle ab 1918 (die oft nur Vorwand für eine die Zensur umgehende Zurschaustellung schwüler Männerphantasien war) tat das ihre dazu. 1927 dann wird eine Verschärfung des § 175 diskutiert (die NSDAP – die später mit der Röhm-Affäre eine peinliche Aufdeckung der eigenen homosexuellen Strukturen erleben wird – plädiert für schärfste Bestrafung, die KPD – deren Mitglieder sich später im KZ den »Männern mit den rosa Winkeln« im allgemeinen nicht besonders solidarisch gegenüber verhielten – verlangt die Streichung). Zur Umsetzung der 1929 schließlich beschlossenen Reform kommt es nicht mehr: Die Demokratie kämpft mit Notstandsverordnungen um ihr Überleben – und verliert 1933 gegen die Nazis.

Bis dahin gibt es in Berlin (und auch in anderen Großstädten) ein florierendes Nachtleben für Schwule und Lesben, mit eigenen Kabaretts und Tanzdielen: Das ›Mali und Igel‹ in der Lutherstraße 16 war bei prominenten Lesben wie Claire Waldoff und Marlene Dietrich populär, ebenso die ›Monokelbar‹, die ›Zauberflöte‹ und die ›Geisha Bar‹. Für Schwule empfahl sich das ›Dorian Gray‹ und das ›Eldorado‹ (um nur zwei von den über 100 zu nennen). Schauspieler wie Wilhelm Bendow, Hubert von Meyerinck, Adolf Wohlbrück und natürlich der Dichter Klaus Mann machten keinen Hehl aus ihren Vorlieben und traten zum Teil auch in den schwulen Kabaretts ›Die Bombe‹ und ›Die Spinne‹ auf. Der dandyhafte Marcellus Schiffer mag hier ebenfalls verkehrt haben. Um 1930 bot das gediegene Reiseunternehmen Cook sogar Fahrten durch die schwule Subkultur an. Daß auch hinter dem homo- und bisexuellen Chic aber die Falle des bürgerlichen Spießeridylls lauert, zeigt Schiffer ganz deutlich, wenn er die beiden emanzipierten Partner in seinem Text beim Anblick des Babies in altbekannte, verzücktdusslige Urlaute ausbrechen läßt.

Wenn man Schiffer sagt, denkt man eigentlich immer einen

anderen Namen mit, nämlich den von Mischa Spoliansky (1898–1985). Der phantastische Pianist und Komponist war auch an der ›Wilden Bühne‹ tätig (wo er das hier abgedruckte Chanson 1923 für Trude Hesterberg vertonte), zur engeren Zusammenarbeit mit Schiffer kam es aber erst 1928 mit der Kabarettrevue ›Es liegt in der Luft‹. Es folgen 1931 ›Alles Schwindel‹ sowie 1932 der kabarettistische Operneinakter ›Rufen Sie Herrn Plim!‹. Auch dieses Team versucht sich wie Hollaender an einer neuen, kleineren Form der Revue – und die Kritik ist begeistert: »Allen Revuen fehlt das eine Einzige, was das Genre unbedingt haben muß: der Einfall, die Meinung, die kritische Distanz. Eine Gesinnung. Die gerade hat der junge Marcellus Schiffer (...)« (Axel Eggebrecht). »Spolianskys Musik zu der Revue [›Es liegt in der Luft‹] verdient ein besonderes Wort. Sie ist nicht nur gut, sie ist eine Klasse für sich (...) Die Naturlaute in der Hundeszene, die süßen Modulationen im Parfümlager (...) es ist eine Blüte der Einfälle, aus der man einen kleinen Operngarten bestreiten könnte (...) Die unglaubliche Beweglichkeit, Schattierung, Farbe, Dynamik, Variationslust in der glänzend gesetzten Partitur – leicht und frisch geleitet vom Klaviersitz her –, wir haben eine Kabarettmusik gewonnen, die nicht nur des Tempos, auch des Geistes der Zeit würdig ist, eine internationale Höhe« (Oscar Bie im ›Börsen-Courier‹). Doch gibt es auch andere Stimmen zu der hier rezensierten, in einem Warenhaus spielenden Revue von 1928: »Warum ist eine Revue, die in der Woche der schicksalbedeutenden Wahlen beginnt, im Politischen so schal und glatt? Weil man, wie im Warenhaus, um Gotteswillen neutral sein will, auf daß kein Kunde weggehe« (Fritz Engel im ›Berliner Tageblatt‹). So scheinbar unpolitisch der Dichter und Geschäftsmann Schiffer auch gewesen sein mag, der Mensch war es ganz und gar nicht. Der anwachsende Antisemitismus und Militarismus werden für den an Depressionen leidenden Schiffer unerträglich – er nimmt sich am 24. August 1932 das Leben.

Hellmuth Krüger: Das dritte Girl von rechts

Ich bin das dritte Girl von rechts.
Komm abends viermal dran.
Ich sing das englische Gekrächz,
Obwohl ich es nicht kann.
Ich heb den Arm, ich heb das Bein,
Ich zieh mich viermal um.
Mein Busen ist noch furchtbar klein,
Das liebt das Publikum.
Und wenn wir dann beim letzten Tanz
In nackter Pose stehn, –
Dann denk ich an den blonden Hans,
Wenn der mich würde sehn,
Gott, wär das schön!

Ich kriege sechs Mark jeden Tag,
Und Wohnung hab ich frei,
Das steht in dem Tarifvertrag
Gleich bei der Gage bei.
Ich wohn mit Uschi und Susann,
Wir haben nur ein Bett,
Und weil ich selber kochen kann,
So werden wir nicht fett.
Die große Schürze muß mir ganz
Wie einer Hausfrau stehn, –
Dann denk ich an den blonden Hans,
Wenn der mich würde sehn,
Gott, wär das schön!

Zuweilen kommt der Ober an,
Dann muß ich an die Bar.
Weil ich von einem reichen Mann
Dann eingeladen war.
Dann trink ich immer wieder Sekt,
Bis alles mir verschwimmt,

Und hoff, daß mich der Mann entdeckt
Und mich zur Freundin nimmt.
Wenn ich dann reich mit Eleganz
In meinem Auto lehn …
Dann denk ich an den blonden Hans
Wenn der … mich würde sehn …
Das wär … zum Heulen … schön …!

Berlin ist zerlumpt, schmutzig. Abends dunkel und eine tote Stadt, dazu Soldaten, die Streichhölzer oder Cigaretten in der Friedrichstraße verkaufen, blinde Drehorgelspieler in halbverfaulten Uniformen, mit einem Wort: jammervoll.« So sah der Maler Max Liebermann das Berlin von 1919. Tagsüber liefern sich Linke und Rechte blutige Straßenkämpfe, im Parlament der jungen Weimarer Republik müht man sich um die Umsetzung der niederdrückenden Bedingungen des Versailler Vertrages, der die europäischen Verhältnisse neu regelt. Kriegsverschuldung, Reparationszahlungen und nationale Kriegsfolgelasten führen bald zu einer stündlich galoppierenden Inflation, die im Jahre 1923 zur absurden Börsennotierung führt: 1 Dollar = 4,2 Billionen Mark! Wer Sachwerte besitzt, spekuliert sich eine goldene Nase und bestimmt bald das wirtschaftliche und kulturelle Leben. Der gesamte Mittelstand jedoch wird durch die Entwertung der Sparguthaben in plötzliche Armut gestürzt. Allein in Groß-Berlin wohnen 600 000 Menschen in Wohnungen, in denen jedes Zimmer mit fünf Personen und mehr besetzt ist. Die Verzweiflung vieler führt zu einer ungemein hohen Kriminalitätsrate. Mit der Konsolidierung der Währung 1923 bricht sich eine durch diese Erfahrungen um so rücksichtslosere Lebens- und Vergnügungswut Bahn, die so manchen Chronisten, wie den Journalisten Theodor Lessing, erschrekken läßt: »Die modernen Städte sind nichts weiter als neue Wüsten mit Höhlenwohnungen. Wüsten, in denen neue Raubtiere wachsen, Raubtiere in Menschengestalt (…) mit Radio, Elektrizität und seidener Wäsche.«

Höhepunkt dieses »Tanzes auf dem Vulkan« sind die Ausstattungsrevuen der 20er Jahre, die wohl glanzvollsten und aufwendigsten Veranstaltungen, die das Unterhaltungsleben Europas je gesehen hat. James Klein (1886–1943) übernimmt 1921 die Komische Oper und das Apollo-Theater und veranstaltet in ihnen erstmals Revuen, die eigentlich nur Vorwand für die Zurschaustellung nackter Choristinnen sind (Klein nennt das »Naturalistisches Ballett«). Die Revuetitel lassen denn auch keinen Zweifel an der voyeuristischen Intention: ›Die Welt ohne Schleier‹, ›Berlin ohne Hemd‹, ›Zieh dich aus‹. Bald gibt es Konkurrenten: 1923 geht es bei Hermann Haller (1871–1943) im Admiralspalast ›Drunter und Drüber‹, 1924 wendet sich Erik Charell (1895–1973) im Großen Schauspielhaus ›An alle!‹. In der Saison 1926/27 erlebt das Revueleben Berlins seinen Höhepunkt mit 13 Produktionen. Für die Revue der 20er Jahre ist nicht mehr, wie weiland in der Ära der Metropol-Revue (siehe Seite 25ff.), der rote Faden wichtig, sondern die sich in sogenannten »Bildern« messende Vielfalt der Darbietungen und ihr Personen- und Ausstattungsaufgebot. Die »Bildergigantomanie«, mit der so mancher Revueproduzent Publikum locken will, führt bald zu zahlreichen Glossierungen: »36 726 ½ Bilder, lese ich, soll die Revue lang sein (...): 1. Bild: Ein Mann (erscheint auf der Bühne und sagt): Pst! (Geht wieder ab.) 2. Bild: 63 478 unangezogene Damen zeigen mit den Zehen nach links oben (...) 31. Bild: Eine Frau (kommt ausnahmsweise mit Partner, bekleidet, deklamiert): Psst!« (Vossische Zeitung, 30. August 1924).

Hauptattraktion in jeder Revue ist die Girltruppe (mit bis zu 150 Tänzerinnen). Am bekanntesten sind die ›Tiller-Girls‹, die durch ihr uniformes Aussehen und die Exaktheit der Bewegung bestechen. Dem Soziologen Siegfried Kracauer schienen die Girltruppen wie die maschinisierte Ordnung im Weltchaos: »Wenn sie eine Schlange bildeten, die sich auf und nieder bewegte, veranschaulichten sie strahlend die Vorzüge des laufenden Bandes; wenn sie im Geschwindtempo steppten, klang es wie ›Busineß, Busineß‹; wenn sie die Beine mathematisch genau in die Höhe schmetterten, bejahten sie freudig die Rationalisierung; und wenn sie stets wieder dasselbe taten, ohne daß ihre Reihe je abriß, sah man innerlich eine ununterbrochene Kette von Autos aus den Fabrikhöfen in die Welt gleiten und glaubte zu wissen, daß der Segen kein Ende nehme.« Möglich war der enorme Aufwand, den die Revue betrieb, natürlich nur in den Zeiten der wirtschaftlichen Krise, die ein Heer an willigen Arbeitskräften zur Verfügung stellte. Daß aber für die Girls das Leben zwischen Schein und Sein besonders bitter war, zeigt der von Hellmuth Krüger (siehe Seite 100ff.) verfaßte und vorgetragene Chansontext. Mit dem »blonden Hans« könnte übrigens durchaus Hans Albers (1891–1960) gemeint sein, der ein gefragter Revuestar war, bevor er seine Tonfilmkarriere machte.

Tiller-Girls (1926)

Kurt Tucholsky:
Mir ist heut so nach Tamerlan

Tamerlan war Herzog der Kirgisen,
Und jeder Mensch in Asien wußte wohl das.
Tamerlan ritt über grüne Wiesen,
Und wo der Junge einmal hintrat, wuchs kein Gras.
Und alle Frauen lauschten angstvoll seinem Schritt,
Und fiel'n die Städte, fiel'n die Mädchen alle mit.
Er war auch stets zu einem wilden Kampf bereit,
Das war in Asien eine schöne Zeit.
  Mir ist heut so nach Tamerlan, nach Tamerlan zumut!
  Ein kleines bißchen Tamerlan, ja Tamerlan wär gut.
  Es wäre ja, geniert mich das, geniert mich das, gelacht.
  Ich glaube, es passiert noch was,
  Passiert noch was heut Nacht.
  Mir ist heut so nach Tamerlan, nach Tamerlan zumut!
  Ein kleines bißchen Tamerlan, ja Tamerlan wär gut.
  Und sehe ich ins Publikum,
  Da liegt heut so ein Fluidum.
  Ach Mensch, gehen Sie weg, es hat ja nur Zweck
  Mit dem Tamerlan.

Tamerlan, mein liebes Kind, ja Kuchen!
So einen Tamerlan, den möcht ich wohl auch.
Tamerlan, da kannst du lange suchen,
Wer mit Devisen handelt, der hat einen Bauch.
Und wenn 'ne kleine Frau 'ne große Glatze küßt,
Dann weiß sie, daß das alles für die Katze ist.
Du suchst dir hier vergeblich einen Tamerlan,
Nu guck mal runter, sieh sie dir mal an.
  Hier ist doch gar kein Tamerlan, kein Tamerlan zu sehn,
  Ein kleines bißchen Tamerlan, ja Tamerlan wär schön.
  Seh ich mir hier die Männer an, die Männer an, eih weih!
  Da ist ja gar kein Tamerlan,
  Kein Tamerlan dabei!

Mir ist heut so nach Tamerlan, nach Tamerlan zumut!
Ein kleines bißchen Tamerlan, ja Tamerlan wär gut.
Die sind ja nichts für dich und mich,
Die haben alle einen Stich!
Ach, weine nicht sehr, den gibt's ja nicht mehr,
Solchen Tamerlan.

Das nach den heftigen Turbulenzen der ersten Nachkriegsjahre sich beruhigende politische Klima und der Revuetaumel setzen den literarisch-politischen Kabaretts zu. »Was interessiert das Publikum? / Hunger, Elend, Not von Millionen? / Daß Tausende im Zuchthaus verrecken – / Interessiert das das Publikum? / I wo, der nackte Hintern der Anita Berber, der / Interessiert das Publikum«, rebelliert Hermann Vallentin in der ›Rampe‹ gegen eine Zeitströmung, die nicht mehr aufzuhalten ist (wobei die Berber durchaus ambitionierte Themen für ihre letztlich aber doch dekadenten Nackttänze hatte). Die Illusion der Kabaretts, in den ersten Nachkriegsjahren etwas bewegen, gesellschaftspolitisch formend wirken zu können – hier wird sie erstmalig zerstört.

Einer, der auf zwei Hochzeiten gerne und mit Bravour tanzt, ist Kurt Tucholsky (1890–1935). Mit 17 veröffentlicht er das erste Mal und damit beginnt eine journalistische und dichterische Erfolgsstory sondergleichen: In den unterschiedlichsten Zeitungen, vom sozialistischen ›Vorwärts‹ bis zum konservativen Modemagazin ›Die Dame‹, brilliert er in den verschiedensten Literaturformen: Glossen, Kritiken über Film, Theater, Kabarett und Revue, Zeitbetrachtungen in Prosa und Lyrik, Grotesken, Buch- und Schallplattenrezensionen. Er veröffentlicht Erzählungen, unter anderem ›Rheinsberg. Ein Bilderbuch für Verliebte‹, das bereits zu seinen Lebzeiten ein Bestseller wird, und versucht sich als Dramatiker. Er wird Chefredakteur, sodann Auslandskorrespondent in seinem geliebten Paris. Zuvor war er ein Jahr Bankangestellter, um sich aus der Inflation zu retten (als Dr. jur. übrigens, den er 1914 ablegt). Ein Tausendsassa, mit diversen Pseudonymen (Kaspar Hauser, Peter Panter, Theobald Tiger und Ignaz Wrobel sind seine bekanntesten). Ein Wortgigant, der vor Produktivität zu platzen scheint! Und doch: Immer wieder hat Tucholsky dokumentiert, unter welchen Geburtswehen manche seiner Texte entstanden – besonders seine unzähligen Chansons: »(…) Die Mühe, die es macht, der deutschen Sprache ein Chanson – und nun noch gar eins für den Vortrag – abzuringen, ist umgekehrt proportional zur Geltung dieser Dinge. (…) Ich habe nie geglaubt, daß so viel Arbeit dahintersteckt, um zu erreichen, daß Leute abends zwei Stunden lachen, ohne daß sie und die Autoren sich hinterher zu schämen haben. (…) Aber wer nun einmal das Cabaret (mit einem t, bitte!) liebt … Es ist eine unglückliche Liebe.« Aber er hält aus und findet die wunderbarsten Komponisten für seine Texte (wenn er nicht selber komponierend zur Feder greift): Friedrich Hollaender etwa, der die gesamte Klaviatur von Schlager bis Protestlied beherrscht und es mit der Vertonung der pazifistischen *Roten Melodie* schafft, daß sich »die schlürfenden Kriegsgewinnler im Parkett an ihrem ›Knallkümmel‹ verschluckten« (Hollaender, 1965).

Hanns Eisler (siehe Seite 77f.) widmet sich besonders Tucholskys Arbeiterkampf-Liedern, während der Dichter für seine Revueschlager einen anderen bevorzugt: »Am Klavier: Rudolf Nelson. Die wippenden, gleitenden, koketten Refrains dieser Lieder ›perlen‹ über die Tasten, kaum bewegen sich seine Finger, aber da, wo der Kehrreim einzusetzen hat (Ritardando … im Druck steht eine Fermate), fühlt man seine Freude an dem Schlager, an seinem gefälligen leichten Rhythmus. Er sitzt am Klavier, und man begreift die Bedeutung und die Wichtigkeit eines Chanson-Refrains« (Tucholsky, 1913; siehe auch Seite 79ff.).

Genauso verfährt Nelson auch bei der Vertonung des *Tamerlan.* Der letzte große Mongolenherrscher erfreut sich 700 Jahre nach seinem Ableben noch einmal unverhoffter Popularität. Vorgetragen wird das zündende Chanson 1922 in der Nelson-Revue ›Wir steh'n verkehrt‹ von Nelsons Frau, Käte Erlholz (eigentlich Katharina Reinholz, 1876–1957), die durch ihren pikanten Vortragsstil beliebt wurde. Geschrieben und erfühlt hat Tucholsky dieses Lied aber für Fritzi Massary (siehe Seite 57ff.), der er mehrere Elogen geschrieben hatte (wenn er auch die Operetten, in denen sie auftrat, meistens verriß) und die er ehrfürchtig »Fritzi, die I. von Massaryien« nannte. Daß sie dieses ihr gewidmete Lied niemals sang (obwohl es ihr auf den Leib geschrieben war) und 1924 dann auch noch ein Revueprojekt mit ihr scheiterte, verbitterte Tucholsky sehr.

Tucholsky schrieb seine Chansontexte meistens direkt für bestimmte Interpreten. Seine wichtigsten waren: Paul Graetz (1890–1937), der den politisierenden Ur-Berliner »mit Herz und Schnauze« wie kein anderer darstellte, Kate Kühl (1899–1970), eine der stimmgewaltigsten und besten deutschen Diseusen, Trude Hesterberg und Ernst Busch (siehe Seite 77f.). Letzterer widmet sich vor allem den großen sozialen und politischen Dichtungen Tucholskys, die noch heute als exemplarisch gelten. Tucholsky war so etwas wie das »Gewissen der Weimarer Republik« und legte seinen Finger unablässig in die Wunden dieser zerrissenen ersten deutschen Demokratie. Doch hinterläßt dieser ewige Kampf Spuren: Ab 1932 verebbt das literarische Schaffen Tucholskys infolge psychischer wie physischer Erschöpfung. Die Nazis verbrennen 1933 seine Bücher, er selbst wird ausgebürgert. Er emigriert nach Schweden, wo er in Hindås seit 1930 ein kleines Haus besitzt. Schriftlich äußert er sich jetzt nur noch in unzähligen Briefen, erschütternde Dokumente einer tiefen Verbitterung und Mutlosigkeit: »(...) über den großen Knacks meines Lebens komme ich nicht weg: daß ich mich in der menschlichen Natur so schwer getäuscht habe: ich hatte von Deutschland nie etwas andres erwartet, wohl aber von den andern. Und von denen auch wieder keinen Krieg, sondern eine klare und gesunde Abkehr von diesem Misthaufen, und vor allem: vor den Pulverfässern, die darunter liegen. Darin habe ich mich getäuscht, und nun mag ich nicht mehr.«

In seinem tagebuchähnlichen ›Sudelbuch‹ findet sich als eine der letzten Eintragungen die Skizze einer Treppe mit den Stufen »Sprechen-Schreiben-Schweigen« und die Notiz: »Wenn ich jetzt sterben müßte, würde ich sagen: ›Das war alles?‹ – Und: ›Ich habe es nicht so richtig verstanden.‹ Und: ›Es war ein bißchen laut.‹« Am 21. Dezember 1935 stirbt Kurt Tucholsky an einer Überdosis Schlaftabletten.

Rudolf Schanzer/Ernst Welisch: Nebenbei

Im Leben gibt es Lagen, die uns nicht sehr behagen.
Da muß man es versteh'n, sie lächelnd zu umgeh'n.
Auf's Ganze sich zu werfen, heißt die Gefahr verschärfen,
Weil man das Schwerste leicht oft »Nebenbei« erreicht.
Ein bißchen »Nebenbei«, das tut uns allen not.
Ein bißchen »Nebenbei« braucht man wie's liebe Brot.
Für jede kluge Frau heißt das Columbus-Ei:
»Nebenbei« – »Nebenbei«.
Ein bißchen »Nebenbei« ist wirksam und probat.
Ein bißchen »Nebenbei« macht alle fünfe grad,
Und wenn die schwierigsten Debatten
Schmerzlos sich erledigt hatten,
Durch ein Zugeständnis ohne viel Geschrei,
Dann kannst du dir getrost gestatten
Eine kleine Teufelei –
»Nebenbei«–»Nebenbei«–»Nebenbei«.

Wer wird in Liebessachen noch große Worte machen?
Viel eher kommt es an auf's leichte d'rum und d'ran.
Und weil die Hauptaktionen sich manchmal wenig lohnen,
Ergibt sich mehr Kontakt oft aus dem Zwischenakt.
Ein bißchen »Nebenbei« ist manchmal ganz famos.
Ein bißchen »Nebenbei«, das stellt noch keine bloß.
Ein jedes Frauenherz braucht eine Spielerei
»Nebenbei« – »Nebenbei«.
Ein bißchen »Nebenbei«, ganz heimlich und versteckt.
Ein bißchen »Nebenbei« macht oft den Haupteffekt,
Wenn dir der Liebe Freuden winken,
Kannst du deinem Freunde sinken
An die Heldenbrust in süßer Tändelei.
Und dir zugleich die Lippen schminken
Mit dem roten Coty-Blei
»Nebenbei«–»Nebenbei«–»Nebenbei«.
(à part: *Na, schon genug?*)

Und dann, wodurch bestehen so gut so viele Ehen,
Wo längst sich Frau und Mann nicht mehr verständ'gen kann?
Da ist der ganze Segen in einem Punkt gelegen:
Es sucht ein jeder Teil im »Nebenbei« sein Heil …
Ein bißchen »Nebenbei«, das liegt in der Natur!
Ein bißchen »Nebenbei« ist eine Wunderkur!
Die rauhe Wirklichkeit wird so zur Zauberei
»Nebenbei« – »Nebenbei«.
Ein bißchen »Nebenbei« macht vieles wieder gut.
Ein bißchen »Nebenbei«, und frisch pulsiert das Blut.
Und liest dein Mann die Abendblätter,
Plauderst du mit deinem Vetter,
Der euch stets Gesellschaft leistet brav und treu.
Und während laut ihr sprecht vom Wetter,
Flüsterst Du ihm mancherlei
»Nebenbei«–»Nebenbei«–»Nebenbei«.
(à part: *Komm' er morgen!*)

Nie wieder wurde in Berlin eine Diva so verehrt wie Fritzi Massary (eigentlich Friederike Massarik, 1882–1969). Ihre Bühnenkostüme setzten Modetrends, eine Zigarettenmarke wurde nach ihr benannt. Der bedeutende und überaus kritische Dirigent Bruno Walter (1876–1962) schwärmt in seinen Memoiren: »Fritzi Massary vereinte in sich die Talente einer Diseuse à la Yvette Guilbert, den fabelhaften Instinkt für das Herausheben einer Pointe, die geniale Fähigkeit, Stimmung zu verbreiten, mit dem Reiz einer pikanten Weiblichkeit und mit einer echten Musikalität.« Qualitäten, die ihn dazu veranlaßten, der Operettendiva die Titelpartie in Bizets ›Carmen‹ anzubieten.

Ein Ansinnen, das bei der heutigen Beurteilung ihrer Schallplattenaufnahmen erstaunt: Ihre Stimme besitzt zwar eine durchdringende Schärfe (eine Notwendigkeit bei den über 1000-Plätze-Theatern, in denen die Massary – wie damals natürlich alle Künstler – unverstärkt sang), doch sind Stimmführung und -umfang relativ eng, das Volumen klingt mit Kraft erzeugt, immer wieder mischt sich eine (wenn auch reizvolle) Heiserkeit in den Gesang. Ein »Vogelstimmchen«, dem damaligen Gesangsideal entsprechend, könnte man leichtfertig urteilen, wäre da nicht die Finesse des Vortrags, das hörbare Wissen um die Wichtigkeit der Kunstpause, ja, nur des Verzögerns von Silben, um ganze Welten von Zweideutigkeiten dem Hörer zu eröffnen. Auch die à part gesprochenen, dem Text hinzugefügten Bemerkungen, Gluckser und Lacher versprühen einen Charme, der auch nach nunmehr über 70 Jahren und trotz des Knackens und Rauschens der Aufnahmen entzückt. So darf die Massary noch heute als richtungsweisend für den Vortrag des mondänen Chansons gelten; und das, obwohl sie ihr Leben lang nicht einen einzigen Chansonabend gegeben hat. Ihr Metier war die Operette.

Im Gegensatz zur deutschsprachigen Operette des 19. Jahrhunderts (mit ihren Hauptvertretern Zeller, Strauß, Heuberger), die immer nach der romantischen Oper schielte und für Opernsänger geschrieben war, findet sich in Frankreich bei Jacques Offenbach (1819–1880) eine neue, leichtere Form der Operette, die den (oft sehr zeitkritisch-satirischen) Text der spritzigen Musik erstmals nicht unterordnet. Die Nähe zu dem, was später als Chanson bezeichnet wird, ist damit also gegeben. Trotzdem gelingt es nur wenigen Komponisten der sogenannten »Silbernen Ära« der deutschsprachigen Operette (ab 1900; angeführt von Lehár und Kálmán), diese Anregung gegen die deutsche Wagnerpsychose durchzusetzen. Bezeichnenderweise sind es die, die sich auch schon früh im Kabarett versucht haben: beispielsweise Leo Fall (1873–1925) und Oscar Straus (1870–1954). Mit ihren Operetten ›Madame Pompadour‹ oder ›Die Königin‹ kommen sie den ureigenen Ausdrucksmitteln der Massary entgegen und machen sie zur Legende.

Ihren ersten Bühnenauftritt hat die gebürtige Wienerin als 16jährige in Moskau, als Choristin bei einer Tournee des Wiener Carl-Theaters. Von da an tingelt sie mit mäßigem Erfolg zwischen Linz, Hamburg und Wien, bis sie 1904 von Richard Schultz, dem Direktor des Berliner Metropol-Theaters, auf der Freilichtbühne des Praters entdeckt wird. Er engagiert sie für seine Jahresrevuen (siehe Seite 25ff.), mit dem Couplet *Im Liebesfalle* hat sie einen ersten durchschlagenden Erfolg, und schließlich wird sie zum unumstrittenen weiblichen Star der Metropol-Revuen. 1911 besetzt sie Max Reinhardt instinktiv bei seinen Münchener Operettenfestspielen als »Schöne Helena« in Offenbachs gleichnamiger Operette und führt den Revuestar seiner eigentlichen Bestimmung zu. Überhaupt wird diese Münchener Zeit für die Massary schicksalhaft: Sie trifft auf den Wiener Schauspieler und Komiker Max Pallenberg (1877–1934) – und die beiden werden ein unzertrennliches Paar, trotz aller Gegensätzlichkeit. Denn er ist berüchtigt für seine oft kalauernden Improvisationen und Rollenüberzeichnungen, sie hingegen für ihr hingetupftes Unterspielen. Beide verbindet, neben einer großen Liebe, auch großer Ehrgeiz und Geschäftstüchtigkeit.

Ab 1916 setzt die Massary (später sogar vertraglich) durch, daß jede Musiknummer, die sie als erfolgversprechend für sich ansieht, ihrem Part zugeschlagen wird. Das führt natürlich zu begreiflichen Auseinandersetzungen mit Kolleginnen und Autoren (Claire Waldoff legt in einer gemeinsamen Produktion sogar deswegen ihre Rolle nieder). Später, als die Operetten direkt für die Massary geschrieben werden, können ihre Wünsche gleich berücksichtigt werden. Bei der Neuinszenierung von Lehárs ›Lustiger Witwe‹ im Jahre 1929 führt dies sogar zu einer sehr gewagten Neutextierung: Aus dem belanglosen *Grisetten-Lied* (im Original ebenfalls nicht von der Massary-Rolle gesungen) wird *Mein Freund aus Singapur* mit den eindeutigen Zeilen: »Eine nur die macht ihn scharf / Und wenn die mal was bedarf / Läßt sie sich's besorgen nur / Von dem Freund aus Singapur.« So was konnte nur die Massary auf einer Operettenbühne singen, ohne zu riskieren, dabei zotig zu wirken. Es gibt zwei Aufnahmen dieses Liedes, die im vergleichenden Hören Erstaunliches offenbaren: Die Aufnahme der Massary klingt nämlich zehnmal kabarettistischer als die ihrer vom Kabarett kommenden Zweitbesetzung (die die Rolle 400mal spielte): Trude Hesterberg setzt auf ihre vollausgebildete Stimme – und wirkt dabei matronenhafter als die eigentliche Operettendiva! Ab 1927 ebbt die Massary-Welle etwas ab. Unter anderem macht ihr der Tenor Richard Tauber (1891–1948) den Platz am Operettenhimmel mit den für ihn geschriebenen Lehár-Operetten (wie ›Der Zarewitsch‹) streitig. Die Massary verlegt sich auf Sprechrollen in Konversationskomödien, und der Kritiker Herbert Ihering schreibt: »Deutschland hat die große Gesellschaftsschauspielerin (...) Alle Konversationsschauspieler sollten sich die Massary anhören!«

Auf dem Höhepunkt der Weltwirtschaftskrise verliert die Massary 1931 einen beträchtlichen Teil ihres Vermögens. Dabei wird aber enthüllt, daß sie über Jahre die unglaubliche Gage von 25 Prozent der Kasseneinnahmen bei einer täglichen Mindestgarantie von 2.750 RM verdient hatte (zum Vergleich: Der durchschnittliche Wochenlohn eines Arbeiters liegt 1932 bei 20 RM) – ein Fakt, der von den Nazis propagandistisch ausgeschlachtet wird, um die »jüdisch-dekadente« Künstlerin zu diskreditieren.

Ihre letzte Premiere in Deutschland mit der Operette ›Eine Frau, die weiß, was sie will‹ im August 1932 wird bereits von Nazi-Trupps gestört. Das Ehepaar Pallenberg/Massary weiß die Zeichen zu deuten und verläßt Deutschland im Dezember desselben Jahres. Sie leben auf ihrem Besitz in Lugano, bis am 26. Juni 1934 Max Pallenberg mit dem Flugzeug abstürzt. Die Massary fängt sich nur schwer und emigriert, nach einem kurzen Gastspiel in dem für sie von Noël Coward geschriebenen Singspiel ›Operetta‹ (1938), über London nach Los Angeles, wo ihre Tochter bereits lebt. Sie kehrt nie wieder auf die Bühne zurück und stirbt dort am 30. Januar 1969.

Das hier ausgewählte, für den Massary-Stil typische Couplet stammt aus der von Michael Krausz (1897–1940) für sie geschriebenen Operette ›Eine Frau von Format‹ (1927). Den Text verfaßten die bekannten Operetten-Librettisten Rudolf Schanzer (1875–1944) und Ernst Welisch (1875–1941).

Erich Einegg: Die Großstadtpflanze

Als ich noch ein kleines Jör, da wohnten wir im Hinterhaus in Niebuhrstraße zehn.
Spielten jroßes Pferderennen mit den eijnen Flöhen – nein, wie war das Leben schön!
Wir verlosten jejenseitig, wer den andern durft als ersten schmeißen in den Dreck.
Das jing so: Eene meene ming mang ping pang kling klang ose pose potterich –
Eia weia weg!
Das war im Westen von Berlin,
Wo schöne Fraun vorüberziehn –
Frau Levy und Frau Suppengrün!

Neulich quatscht mir an ein Kavalier hier an der Meckerecke unvermittelt roh:
»Frollein, na, wie wär's denn mit uns beiden?« – Doch ick sagte: »Bei mir barfuß über'n Po!«
Doch der Süße ließ nich locker und bemerkte, na, das Zieren hätte keenen Zweck.
Ich dacht' mir: Eene meene ming mang ping pang kling klang ose pose potterich –
Und dann jing' wir weg.
Das war im Westen von Berlin,
Wo schöne Fraun vorüberziehn.
Ich weiß, was ich mir schuldig bin!

Er nahm mich auf seine Bude mit, und da es regnete, so war ich wirklich froh.
Zeigt' mir schöne Bücher – van de Velde, Hanns Heinz Ewers, den Marquis de Sade und so.
Und dann rückt' er näher, küßte süß und heiß mir auf die Schulter, und dann fragt er mich:
»Wie wär's mit eene meene ming mang ping pang kling klang ose pose potterich?« –

Doch ick wollte nich!
Das war im Westen von Berlin,
Wo schöne Fraun vorüberziehn.
Ich bin mit Stolz Berlinerin!

Doch schon nach vier Wochen wollte mir in kleinen scheinen, daß bei mir nicht alles stimmt.
Und mein Gentleman, der war zu Schiff nach Frankreich unbekannt verzogen. Fauler Zimt!
Ick jing zu Frau Schabke, Mulackstraße fünf – Bitte stark klopfen! –, zu bestimmtem Zweck
Und sagt', daß eene meene ming mang ping pang kling klang ose pose potterich –
Und dann war es weg!
Das war im Norden von Berlin,
Jetzt bin ick wieder uffn Kien,
Von früh bis abend Tauentzien!

(herrlich renovirt). Heute:
Kapelle der Kaiser Franzer
(Dir. Becker).

Schnelle Hilfe in Frauenleiden.
Frau Meilicke, Heb.,
Berlin SW., Lindenstr. 111, v. I. *

ff. Gebirgs-Preißelbeer.
mit 50 % Zucker versendet 10 Pfund.

Die Diseusen-Karriere der Claire Waldoff (eigentlich Clara Wortmann, 1884–1957) beginnt mit einem Verbot. Das von ihr 1907 der Zensur vorgelegte Repertoire für ihr Debüt im Berliner Cabaret ›Roland von Berlin‹ wird abgelehnt – »zu kritisch«, heißt es da. Und ihrem Ansinnen, in einem Hosenanzug aufzutreten, wird ebenfalls widersprochen: Frauen in Männerkleidern sind nach 23 Uhr auf Bühnen des Kaiserreichs nicht erlaubt! Es rettet sie der Hauskomponist Walter Kollo (1878–1940), dem sie ein Leben lang verbunden bleibt (ab 1917 brilliert sie in seiner Operette

›Drei alte Schachteln‹ en suite in 1000 Vorstellungen und in zahlreichen Neuinszenierungen). Er schreibt für die junge Gelsenkirchenerin mit der Berliner Schnauze zwei Lieder, die sofort einschlagen: *Man ist nur einmal jung* und *Mein geliebtes Schmackeduzchen.* Und am nächsten Tag läßt Direktor Schneider-Duncker neue Plakate drukken mit der Aufschrift: »Claire Waldoff, der Stern von Berlin«. Und der sollte sie jahrzehntelang bleiben, für Kurt Tucholsky war sie sogar die personifizierte Berolina. Und das, obwohl sie am Anfang – eigenen Angaben nach – umstritten ist: »Meine einfache Art, ohne Geste, nur auf Mimik, nur auf das Mienenspiel der Augen gestellt, war etwas Neues auf der Kabarettbühne. Meine Art war etwas anderes als die bisher gewöhnte Chantösen-Manier, die viel zuviel Bewegungen machte.« Anstoß erregt aber auch ihr unkonventionelles Benehmen: Man sieht sie pfeiferauchend, in betont männlicher Kleidung, mit roter Kurzhaarfrisur, laut diskutierend in den Boheme-Kreisen verkehren. Und an den über sie kursierenden Gerüchten läßt sie bald selbst keinen Zweifel: Sie liebt Frauen – und tut dies in der Weimarer Republik auch in ihren Liedern kund. Im Lied von *Hannelore* beispielsweise, kreiert Mitte der 20er Jahre, besingt sie den neuen großstädtischen Frauentyp, der es auch in sexuellen Dingen nicht mehr so genau nimmt: »Sie boxt, sie foxt, sie golft, sie steppt / Und unter uns gesagt, sie neppt! – / Besonders so im Mai. / Es hat mir einer anvertraut: / Sie hat'n Bräutjam und 'ne Braut, / Doch dies bloß nebenbei!« Dieses Lied vom »schönsten Bubiköpfchen«, bei dem »keiner unterscheiden kann, / ob du Weib bist oder Mann«, ist noch immer eine lesbische Hymne.

Die Waldoff bestricht bis heute auf ihren rund 240 überlieferten Aufnahmen durch ihre unverwechselbare Stimme: ein scheinbar ausgeschrienes, derbes Bierkutscher-Organ, das im nächsten Moment zum klagend-zärtlichen Sopranpiano fähig ist. Aus diesem Gegensatz zieht die Waldoff oft ihre gestalterische Sicherheit der Pointe, ohne dabei je die von ihr verkörperte Figur zu verraten, die meist aus dem Berliner Arbeitermilieu stammt. Waldoffs Studien der Berliner Sprache und des »Milljöhs« machen sie hier zu einer verläßlichen Anwältin dieser Volksschicht – und das nicht nur für die höheren Kreise der Cabaret-, Varieté- und Revuebesucher, sondern auch auf zahlreichen Arbeiter- und Wohltätigkeitsveranstaltungen, auf denen ihr viel Liebe und Verehrung entgegengebracht wird. »Hast viel vom Ernst des Lebens in Deine Kunst hineingenommen und die Hörer zum Denken veranlaßt«, attestiert ihr denn auch der Maler und Freund Heinrich Zille, der ihr die Welt der Hinterhöfe eröffnete.

Claire Waldoff verstand sich immer als »Volkssängerin« und trat vorwiegend in Großvarietés auf – Tatsachen, die sie eng mit Otto Reutter (siehe Seite 28ff.) verbinden, ebenso wie die über 30 Jahre währende ungebrochene Popularität. Es finden sich auch bei ihr selbstgeschriebene Texte (etwa das bekannte Couplet *Wer schmeißt denn da mit Lehm?*), doch zumeist beauftragt sie andere Autoren: Tucholsky, Mehring, Hollaender und Hermann Vallentin (1872–1945) sind darunter, neben vielen anderen Berliner Dichtern. Ihr ungeheures Repertoire von 300 Liedern umfaßt Schlager, Volks- und Soldatenlieder, Couplets, Operettenschmachtfetzen und literarische Chansons – zusammengehalten nur durch die Unverwechselbarkeit ihrer Interpretin. Ihr Komponist Claus Clauberg (1890–1963) sagt dazu: »Claire Waldoff war in ihren Grenzen, die sie niemals überschritt, eine vollkommene Künstlerin. Ich habe kaum jemanden vom Bau gefunden, ob Mann oder Weib, der seinen eigenen Stil derartig beherrschte wie Claire.«

Unter den Nazis beginnen die Schwierigkeiten für Claire Waldoff. Sie verkörpert zu sehr die individualistische Haltung der Weimarer Republik, sympathisiert zu deutlich mit dem proletarischen »roten Wedding« (sprich: dem linken Arbeitermilieu), lebt zu offen ihre Beziehung mit ihrer Lebenspartnerin Olly von Roeder, als daß sie in das »Kraft durch Freude«-Programm der neuen Machthaber einzuspannen wäre. Ihre breite Popularität hindert die Nazis aber daran, ihr Auftrittsverbot zu erteilen. Sie gilt lediglich als »unerwünscht« – was natürlich beim vorauseilenden Gehorsam vieler Veranstalter zu einem Engagementrückgang führte. Auch die oft kolportierte Anekdote, sie habe aufgrund ihres 1913 kreierten Schlagers *Hermann heeßt er* Schwierigkeiten mit Hermann Göring bekommen, scheint eine Legende zu sein. Neue Quellen beweisen sogar das genaue Gegenteil. Tatsache ist, daß sich die Waldoff ab 1939 aus dem Geschäft zurückzieht und nach Bayerisch-Gmain übersiedelt. Nach dem Krieg ist sie zwar zu einem Neuanfang bereit, aber aus gesundheitlichen Gründen nicht mehr fähig. Sie stirbt verarmt 1957 in Bad Reichenhall.

Das hier abgedruckte Lied aus dem Jahre 1928, vertont vom Texter Erich Einegg (eigentlich Wulff Wyneken, 1898–1950), zeigt die einmalige Mischung vieler Waldoff-Chansons aus spaßiger Milljöh-Schnauze und ungeschminkter Realitätsschilderung. So existierte im ansonsten vornehmen Berliner Westen eben auch das Arbeitslosenelend, aus dem die *Großstadtpflanze* hier stammt. Die Keßheit rettet sie nicht vor einer klaren Vergewaltigung (eine nottuende allgemeine Aufklärung wird hier angesprochen, die oft durch schwüle, im Text angeführte Romanwerke ersetzt ist). Und nicht zuletzt die stillschweigend geduldete, aber durch den § 218 streng verbotene Abtreibungspraxis wird hier offen zum Thema gemacht: Die in den Armen- und Judenvierteln des Berliner Nordens zu findenden »Engelmacherinnen«, die illegal und unter verheerenden hygienischen Verhältnissen praktizieren, bildeten oft die einzige Anlaufstelle für schwangere Mädchen.

Claire Waldoff (zeitgenössische Karikatur)

Friedrich Hollaender: Die Trommlerin

Eine Schießbudenfigur

Ein Uhrwerk trage ich in mir inwendig.
Wer nach mir schießt, der schießt mich gar nicht tot.
Im Gegenteil, er schießt mich nur lebendig;
Kein Blut färbt meines Mörders Hände rot.
Wer mich getroffen, dem wird automatisch
Mein lustig Trommeln seinen Schuß quittier'n.
So mancher Herr kann hier so mancher Dame
Für'n ganzen Abend billig imponier'n.
Starr steh ich da und lächle süß wie Gift,
Bis eine Kugel mich ins Herze trifft.
    Ein Schuß zehn Pfennig!
    Drei Schuß fünfundzwanzig Pfennig!
    Na, wer will noch mal?
    Na, wer schießt noch mal?

Der Jäger schießt in mir wohl seine Hirsche,
Der Ehemann den Hausfreund, der ihn hörnt,
Der Schüler schießt in mir den Klassenlehrer;
Hier wird ihm greifbar, was ihm sonst entfernt.
Der Dieb erschießt in mir den Polizisten,
Der Knabe den Indianer von Karl May.
Euch allen, die in mir ein Abbild wüßten,
Erklingt mein Trommeln als mein Todesschrei.
Doch komm'n auch Amateure her und Laien,
Die nur am Spiel des Uhrwerks sich erfreuen.
    Ein Schuß zehn Pfennig!
    Drei Schuß fünfundzwanzig Pfennig!
    Na, wer will noch mal?
    Na, wer schießt noch mal?

Die Herrn, für die der Krieg zu kurz gewesen,
Die treten gern an meine Bude hin
Und zielen ohne vieles Federlesen
Auf meine Wenigkeit, die Trommlerin.
Sie träumen sich in längst versunkene Zeiten,
Wo jeder mal so'n bißchen Feldmarschall.
Sie seh'n sich durch versengte Dörfer reiten
Mit Wogenprallen und mit Donnerhall.
Und diesen Herren wirft die Trommlerin
So wie von ungefähr die Worte hin:
  Ein Schuß zehn Pfennig!
  Drei Schuß fünfundzwanzig Pfennig!
  Na, wer will noch mal?
  Na, wer schießt noch mal?

Was für Amerika Cole Porter (1892–1964) und für Großbritannien Noël Coward (1899–1973), ist für Deutschland Friedrich Hollaender (1896–1976): genialer Texter und Komponist in Personalunion, zeitprägend und noch heute populär. Ist Porter hauptsächlich im Schlager- und Musical-Bereich tätig und Coward (auch als Darsteller) eher der Bühne verpflichtet, fügt der »große kleine Friedrich« (wie Charlie Chaplin das 1,50 Meter große Allround-Talent nannte) dieser Liste noch einiges hinzu: Schauspiel-, Ballett-, Stumm- und Tonfilmmusiken, Fremdtextvertonungen (besonders Tucholsky und Mehring), Kabarett- und Filmregie, Theaterleiter und Romanautor – all dies bringt der rastlose, in jeder Form vom Spieltrieb Besessene in seinem atemlosen Leben zustande. Und meist mit Erfolg.

Erblich vorbelastet (sein Vater Victor ist Hauskomponist und -dirigent des Metropol-Theaters, Onkel Felix ein bekannter Schriftsteller und Dramaturg bei Max Reinhardt), komponiert Hollaender mit 16 Jahren seinen ersten Liederzyklus und wird Ehren-Stipendiat in der Kompositionsklasse von Engelbert Humperdinck, dem Komponisten der Oper ›Hänsel und Gretel‹. 1919 beginnt die Zusammenarbeit mit Max Reinhardt am Schauspielhaus und in dessen Kabarett ›Schall und Rauch‹, wo Hollaender mit allen wichtigen Textern dieser Zeit in Kontakt kommt. Hier begegnet er auch der Schauspielerin Blandine Ebinger, die er bald heiratet und die zur wichtigsten Interpretin seiner frühen Lieder wird. Der Kritiker Oscar Bie beschreibt sie 1925 treffend als »dünne, zarte, mädchenhafte Vorfrühlingserscheinung« mit ebensolcher Stimme und leichtem Lispeln. Sie scheint geradezu prädestiniert für die Verkörperung der schwindsüchtigen Hinterhofexistenzen, wie sie Heinrich Zille und Käthe Kollwitz in ihren Zeichnungen festhielten. Angeregt durch Ebingers Interpretation von Klabunds *Ich baumle mit de Beene* (siehe Seite 38), greift ihr Mann selbst zur Feder und schreibt ihr den Liederzyklus ›Lieder eines armen Mädchens‹ auf den Leib. Die Premiere im ›Cabaret Größenwahn‹ 1921 gerät zur Sensation. Bis zu ihrem endgültigen Bühnenabschied 1982 sang die Ebinger diese Lieder fast unverändert, mit scheinbar kindlicher Naivität – ohne dabei peinlich zu wirken. Denn noch immer galt, was Kritiker Bie ihr 60 Jahre zuvor attestiert hatte: »Der Ausdruck ist streng disponiert nach den klugen Regeln der Wahrheit und Wirkung zugleich. Vor der Gefahr der Überwirkung mahnt jedesmal ein bewundernswertes künstlerisches Taktgefühl. Es lenkt den Vortrag von jedem banalen Effekt einer Sentimentalität oder Übertreibung auf der Stelle ab. Dies ist ihre unerreichte Qualität: die Vielfältigkeit des Charakters so im Maß der andeutenden Kunst zu halten, daß die Phantasie mehr gereizt ist als durch jede vollbesetzte Bühne.«

Das hier ausgewählte Chanson, wieder von Hollaender selbst vertont, beschreibt die Ebinger in ihren Memoiren als ihr wichtigstes. Die unentschlossene Haltung der Weimarer Republik gegenüber den Generälen des Ersten Weltkriegs, die munter ihre alten Seilschaften knüpfen und den Militarismus per »Dolchstoß«-Legende wieder salonfähig machen und so den Rechtsparteien Vorschub leisten – dies alles ist Hintergrund für das 1928 entstandene Lied. Die Ebinger erinnert sich an die Erstaufführung: »Nach den letzten Worten (...) war alles still. Eine ganze Weile. Der Scheinwerfer, der auf mich gerichtet war, wurde eingezogen. Auf einmal hörte man Bravorufe, eine Begeisterung, die Leute sprangen auf, so sehr waren sie mit mir einer Meinung. So war es fast jeden Abend.« Und der Kulturkritiker Karl Kraus (1874–1936) bestätigt in seiner Zeitschrift ›Die Fackel‹: »Von allen späteren Antikriegsproduktionen (...) hat mir keine einen so starken Eindruck hinterlassen wie die ›Trommlerin‹. (...) Wichtiger zur Frontabschreckung als die Propaganda für Quark und Remarque ...« (anspielend auf den Antikriegsbestseller ›Im Westen nichts Neues‹, 1929). Nach dem Zweiten Weltkrieg schien der Ebinger die dritte Strophe nicht mehr aktuell genug, und sie mauschelte »atomverkrüppelte Kinder« hinein – was nur wieder einmal bewies, daß ein wirklich gutes Lied durch nichts zu erschüttern ist.

Hollaender begeisterte sich an dem »gesunden seelischen Schock (...), den ein zwischen zwei parodistischen Lustigkeiten hingepfeffertes soziales Chanson [im Cabaret mit seinen Stimmungskontrasten] auslösen kann; hier kann – wie nirgendwo anders – unter dem Deckmantel entspannender Abendunterhaltung plötzlich eine Giftoblate verabreicht werden, die suggestiv eingegeben und hastig verschluckt, weit über den harmlosen Abend hinaus das gemütlich rollende Blut entzündet, das träge Hirn zum Denken aufreizt« (in: Die Weltbühne, 1932). Trotzdem bricht Hollaender 1926 aus den bekannten Bahnen des Nummernkabaretts und der Großrevue aus und präsentiert seine eigene ironisch-politische Form der Revue, die er »Revuette« nennt (eine kleine Revue also, in der »das Fleisch nicht so willig, der Geist nicht so schwach ist«, wie Hollaender in seinen Memoiren schreibt). In ihr wählt er meist ein einziges durchgängiges Thema oder einen Schauplatz (Hotel, Zoo, Eisenbahn) als Motiv für unterschiedlichste Chansons und Szenen. Bis 1932 bringt er zehn Produktionen dieser Art heraus (Text, Musik und Regie immer Hollaender).

Arthur Rebner: Loblied auf Italien

Wie schön sind Deine Berge, Seen und Städte für den
Fremden –
Italia! Italia!
Wie praktisch für die Wäsche Deiner Männer schwarze
Hemden –
Italia! Italia!
Gleich wenn man nach Venedig kommt, wen trifft man auf der
Piazza prompt
Mit Bergstock und mit Lodenhut? – Herrn Gotthold Schmidt
aus Emden!
Italia! Wie schön!

Das ist das Land, wohin die Sehnsucht jeden Deutschen zieht!
Wo die Zypresse hoch und wo der Nepp noch höher blüht,
Seitdem der alte Goethe, so um die Abendröte,
Am Camposanto saß und schrieb ein Liebeslied.
Frau Meier füttert stolz die Tauben auf dem Markusplatz
Und läßt sich knipsen, so damit zuhaus zerspringt Frau Katz!
Nun steht sie da, die Gute, mit Taubendreck am Hute.
Gottlob, wir Deutschen haben doch noch Gemüt!

Die Mädchen sind so schön wie Engel, bloß nicht ganz so
sauber –
Italia! Italia!
Ein jeder Gondoliere singt so schmelzend wie der Tauber –
Italia! Italia!
Der Turm in Pisa, über Nacht, hat sich darüber schiefgelacht!
Er weiß, Dein holder Tauber ist ja doch ein fauler Zauber –
Italia! Wie schön!

Das ist das Land, wohin die Sehnsucht jeden Deutschen zieht!
Da reagiert man ab Devisenkurs und Bankkredit.
Man meidet oft Genanntes und spricht die Sprache Dantes
Mit scharfem Anklang ans Berliner Sprachjebiet …

An jedem stillen Örtchen hängt ein echter Tizian –
Der Sammler Brösecke aus Pirna kommt und sieht se an.
Vierhundert Mill bis fünnef bezahlt er für den Tinneff.
Gottlob, wir Deutschen haben doch noch Gemüt!

Von Deinem Mussolini wollen wir erst gar nicht reden –
Italia! Italia!
Wir wissen ja, im Reden übertrifft er einen Jeden –
Italia! Italia!
Wiewohl er, wenn er Reden schwingt, selbst den Vesuv zum
Speien bringt.
Es führen doch von ihm zu uns gewisse zarte Fäden …
Italia! Wie schön!

Das ist das Land, wohin die Sehnsucht jeden Deutschen zieht!
Er sorgt, daß dort die Ansichtskarten-Industrie erblüht.
Was täte Tante Jette, wenn sie kein Bildnis hätte,
Auf dem man Onkel Karl und die Offizien sieht?
An den Lagunen sucht das arme deutsche Herzchen Rat –
Denn wo man hintritt, tritt man dort auf 'nen Kommerzienrat.
Und ist es auch zum Kotzen, mit einem können wir protzen:
Gottlob, wir Deutschen haben noch und noch Gemüt!!

Sie fand für ihr Auftreten einen besonderen Stil, der ihre Eigenart mit den speziellen Anforderungen des Kabaretts trefflich in Einklang setzt, indem er ein phantastischeres, flimmrigeres, wenn ich so sagen darf: elektrischeres Soubrettentum schafft.« So befand 1922 Max Hermann-Neisse über die in diesem Buch schon so häufig erwähnte Diseuse Trude Hesterberg (1892–1967), eine der wichtigsten Frauen des deutschen Kabaretts.

Tatsächlich ist sie eine Soubrette (also Sängerin leichter Operettenpartien, wenn auch eine mit fundierter Opern- und Konzertgesang-Ausbildung), als sie in den 10er Jahren erste Erfolge in Berlin feiert. 1919 dann kommt es zu einer klassischen Theatermärchensituation: Der weibliche Chanson-Star des ›Schall und Rauch‹,

Gussy Holl, erkrankt, und die Hesterberg springt ein – das Publikum ist begeistert. Nur einer nicht: der Direktor Max Reinhardt. Er erkennt das kabarettistische Können der Hesterberg und empfiehlt ihr dringend, sich nach einem neuen Repertoire umzusehen (an diesem Abend sang sie Texte von Willy Prager, wo sich »Jettchen« auf »Bettchen« und »Röschen« auf »Seidenhöschen« reimen mußte). Die kluge und ehrgeizige Hesterberg beherzigt diesen Rat und geht 1921 noch einen Schritt weiter: Sie gründet das Kabarett ›Wilde Bühne‹, das für zwei Jahre zum schärfsten und aggressivsten literarisch-musikalischen Podium Berlins wird. Unterstützt von Walter Mehring als Haustexter und selbsternanntem Impresario sowie Werner Richard Heymann (1896–1961) als Hauskomponist und -pianist, versteht es die Hesterberg, alle intellektuell-kreativen Kräfte der Metropole an ihr stets ausverkauftes Haus zu binden. Und das in den schwierigen Zeiten der Inflation! Doch auch hier weiß die Kaufmannstochter Rat: Anstelle einer festgeschriebenen Gage, die täglich an Wert verliert, bestimmt sie anhand der täglichen Börsenkurse eine anteilige Sitzplatzverteilung; so erhielt zum Beispiel Mehring zweieinhalb Vorderplätze plus ein warmes Abendessen (auf das von allen Künstlern besonderer Wert gelegt wurde). Die jüngste Direktorin Berlins achtet in ihren Programmen auf eine gute Mischung aus Witz und Sozialkritik und legt dabei – immer noch dem Operettenflair verpflichtet – auch großen Wert auf stetig wechselnde Ausstattung und passende Kostüme (was aus heutiger Sicht leicht anachronistisch zu den hochliterarischen und sozialkritischen Texten anmutet). Trotzdem weiß die Hesterberg sehr genau um das Fundament des Chansonvortrags: »Man weiß ja, die Wirkung des Chansons selbst geht zunächst von der Persönlichkeit dessen aus, der es ›bringt‹. Sie vermag es, auch aus einer banalen Strophe ein Erlebnis zu machen. (…) Kleinkunst ist subtile Miniaturarbeit. Da wirkt entweder alles oder nichts. Und dennoch ist sie die unberechenbarste und schwerste aller Künste. Die genaue Wirkung eines Chansons ist nicht und unter keinen Umständen vorauszusagen, sie hängt ganz und gar vom Publikum ab.« Das Ende der ›Wilden Bühne‹ kommt unverhofft durch einen Schwelbrand am 16. Oktober 1923. Die vom anstrengenden Direktorinnendasein müde gewordene Hesterberg nimmt vorerst wieder ihre Operetten- und Revuekarriere auf, in der sie zum Star avanciert und als einzige es sich erlauben darf, die Rollen der Massary zu übernehmen. 1929 stimmt Heinrich Mann einer Verfilmung seines Buches ›Professor Unrat‹ (1905) nur zu unter der Bedingung, daß die Hesterberg die Rolle der Lola-Lola spielt, die er als Idealbesetzung sieht (die üppigen Formen des kaiserzeitlichen Schönheitsideals vor Augen). Die Rolle des in ›Der Blaue Engel‹ umbenannten Filmes wird aber schließlich von der Favoritin des Regisseurs, Marlene Dietrich, übernommen, was die Hesterberg noch Jahrzehnte später verbittert auf die vermeintlich verpaßte Weltkarriere schauen läßt.

Der zweite Versuch Hesterbergs, 1934 mit der ›Musenschaukel‹ noch einmal ein literarisch-kritisches Kabarett zu etablieren, scheitert an den Nazis, deren Propagandamaschinerie es wegen einiger Mitwirkender bald in ›Die Judenschaukel‹ umtauft und zum Boykott aufruft. Die Hesterberg wird jedoch nicht mit Berufsverbot belegt und überlebt die Nazi-Zeit mit kleineren Filmrollen.

Ende der 50er Jahre, im Zuge der Wiederentdeckung der »goldenen 20er Jahre« (ein Begriff, der der Hesterberg aus besserer Erfahrung zuwider war), besinnt man sich auch wieder auf die Diseuse Hesterberg, die inzwischen hauptsächlich als Schauspielerin tätig gewesen war. Hier erweist sich ihre gründliche Gesangsausbildung von Vorteil, die sie noch im Alter über alle Farben ihres Chansonvortrags verfügen läßt, der vom donnernden Grollen bis zum zärtlichsten Piano alle Schattierungen kannte.

Das hier wiedergegebene, 1928 auf Schallplatte von ihr aufgenommene Chanson (Musik: Willy Engel-Berger) ist eine gelungene Satire auf den frühen, zwischen Kulturanspruch und Eroberungsdrang schwankenden Reisewahn der neureichen Deutschen. Ebenso wird die faschistische Bewegung des überaus eitlen und protzigen ›Duce‹ Benito Mussolini (1883–1945) und seiner »Schwarzhemden« genannten Anhänger thematisiert, wie auch deren frühe Kontaktaufnahme zu den deutschen rechten Kräften. So sind etwa für 1923 illegale Waffenlieferungen Italiens belegt. Das Fundament für die »Achse Rom-Berlin« (1936) ist geschaffen.

Robert Gilbert: Stempellied

Keenen Sechser in der Tasche,
Bloß 'nen Stempelschein.
Durch die Löcher der Kleedasche
Kiekt de Sonne 'rein.
Ja, so stehste vor der Umwelt
Jänzlich ohne was;
Wenn dein Leichnam plötzlich umfällt,
Wird keen Ooge naß.
Keene Molle
Schmeißt der Olle,
Wenn er dir so sieht –
Tja, die Lage sieht sehr flau aus,
Bestenfalls im Leichenschauhaus
Haste noch Kredit.
Stellste dir zum Stempeln an,
Wird det Elend nich behoben –
Wer hat dir, du armer Mann,
Abjebaut so hoch da droben?

Ohne Arbeit, ohne Bleibe
Biste null und nischt.
Wie 'ne Flieje von der Scheibe
Wirste wegjewischt.
Ohne Pinke an der Panke
Stehste machtlos da,
Und der dicke Mann sagt danke,
Rückste ihm zu nah.
Äußerst schnell schafft
Die Jesellschaft
Menschen uff'n Müll –
Wenn de hungerst, halt de Fresse,
Denn sonst krichste 'ne Kompresse,
Aber mit Jebrüll.
Stellste dir zu pampich an,

Setzt et jleich 'n Ding von oben –
Denn es hab'n dich armen Mann
Abjebaut die hoch da droben.

Und so kieken dir de Knochen
Sachte aus der Haut,
Und du bist in wen'jen Wochen
Völlig abjebaut.
Und du koofst dir een paar Latten
Für 'ne letzte Mark,
Denn für eenen dünnen Schatten
Reicht een dünner Sarg.
Nur nich drängeln,
Zu den Engeln
Kommste noch zur Zeit –
Holde Rationalisierung,
Singt dir die Jewerkschaftsführung
Sinnich zum Jeleit.
Stell dir vorsichtshalber dann
Jleich zum Stempeln an da oben –
Denn du bleibst als armer Mann,
Abjebaut auch hoch da droben.

Nach den Schrecken der Inflation hat sich die deutsche Industrie ab 1923 relativ schnell gefangen. Besonders amerikanische Kredite führen zu einem schnellen Aufschwung; durch die einhergehenden Rationalisierungsmaßnahmen steigt die Arbeitslosenzahl aber dennoch stetig. Als im Oktober 1929 klar wird, daß diese weltweite Scheinblüte nur durch Überproduktion zustande gekommen ist, kommt es zu panikartigen Aktienverkäufen an der Börse, die als »Schwarzer Freitag« (25. Oktober 1929) in die Geschichte eingehen. Massenentlassungen sind die Folge, die Arbeitslosenzahl in Deutschland steigt von 1,9 Millionen (1929) auf 6,1 Millionen Menschen im Jahre 1932 an. Die 1927 gerade ins Leben gerufene Arbeitslosenversicherung bricht zusammen, die Entlassenen sind auf »Krisenfürsorge« angewiesen (1932 sind das im Reichsdurchschnitt monatlich 35 RM = ca. 300 Euro) oder werden als »Wohlfahrtserwerblose« von den Volkssuppenküchen ernährt. Menschenschlangen vor den Arbeitsämtern, die zum Abstempeln ihrer Papiere anstehen, gehören zum täglichen Bild dieser Jahre.

Robert Gilbert (eigentlich Robert Winterfeld, 1899–1978) schrieb den nebenstehenden Text 1928 unter dem Pseudonym David Weber. Seine eigene Kindheit beginnt in tiefster Armut: Sein Vater, Jean Gilbert, hält sich als Klavierspieler und Zirkuskapellmeister über Wasser, bis ihm 1909 mit der Operette ›Polnische Wirtschaft‹ der große Wurf gelingt. Dem plötzlichen Reichtum begegnet der Sohn mit Mißtrauen; ebenso der Unterhaltungsbranche, an der sein Vater von nun an teilhat. Er sympathisiert als Philosophiestudent mit linken Kreisen und schreibt später sehr treffend über diese Zeit: »Und wo saß ich? / Die leichtgeschürzte Muse / Im rechten Arm und links das Einmaleins / Der Klassenkampfmeduse«. Und so hält er es – von Selbstvorwürfen geplagt – sein Leben lang: Ab Ende der 20er Jahre verfaßt er einerseits Schlagertexte wie *Am Sonntag will mein Süßer mit mir segeln gehen*, andererseits schreibt er für Arbeiterspieltrupps und rote Revuen (siehe Seite 112) sozialaufklärerische Songs. 1933 beginnt für den Juden Robert Gilbert eine Emigrations-Odyssee, die ihn schließlich nach Amerika führt: in Sicherheit – und Arbeitslosigkeit. Zögernd kehrt er 1949 wieder nach Deutschland zurück, in die, wie er schreibt, »Monstrosität aus Wurst und Gerstensaft / Und Weihnachtsbaum und Peitsche«. Er arbeitet für das Münchener Kabarett ›Die kleine Freiheit‹ und widmet sich ganz dem Schreiben von Prosa und Lyrik. Die deutsche Bühne verdankt ihm die kongenialen Übertragungen von über 20 amerikanischen Musicals (darunter ›My Fair Lady‹ und ›Hello, Dolly!‹).

Der Interpret des *Stempelliedes*, Ernst Busch (1900–1980), wie auch der Komponist Hanns Eisler (1898–1962) machen keine Kompromisse, wenn es um ihre kommunistische Überzeugung geht. Busch läßt seine Stimme und sein darstellerisches Talent eigentlich nur ausbilden, um bei Versammlungen der Arbeiterjugend (der er als Kieler Werftarbeiter angehörte) besser sprechen zu können. Als er 1921 entlassen wird, engagiert ihn das Kieler Stadttheater. »Und so wurde ich Schauspieler (...), obwohl ich eigentlich gar nicht wollte. Ich war immerhin schon über drei Jahre Distriktleiter der Arbeiterjugend gewesen, und die Partei hatte mich dazu auserkoren, Funktionär zu werden.« Bedeutende nächste Stationen sind Rollen in Erwin Piscators aufsehenerregenden linken Theaterproduktionen, über die er Eisler kennenlernt, und die Begegnung mit Brecht bei der Uraufführung der ›Dreigroschenoper‹. Eine jahrzehntelange intensive Arbeitsbeziehung des Trios nimmt ihren Anfang.

Mehring sagte einmal, daß Busch Eislers bestes Instrument sei. In der Tat ergänzen sich das Metallisch-Zupackende von Buschs Stimme und Eislers scheinbar einfach-volksliedhafte Melodien (mit hochkomplizierten harmonischen Einfällen und intelligenten musikalischen Zitaten) zu einer Mischung, die ohne großes Pathos eine direkte Agitation für die gemeinsame Sache zu leisten vermag. Selbst politisch Andersdenkende können sich dieser Magie nicht entziehen. »Er hat immer gefragt ›Wie willst du es haben?‹, da hab ich den Text aufgesagt, und dann hatte er die Melodie doch schon. So war es. Zeile für Zeile machten wir die Lieder. Er hat eben gesagt, wie man rezitiert, so muß man es auch in die Musik hineintreiben« (Busch). Beide emigrieren 1933, treffen sich zwei Jahre später wieder in London, gehen 1937 nach Spanien, wo der Bürgerkrieg tobt, produzieren unaufhörlich Kampflieder, die auf Schallplatten weite Verbreitung finden. Dann trennen sich ihre Wege: Eisler emigriert in die USA, wo er wieder mit Brecht zusammenkommt, Busch wird 1942 von französischen Nazis an der Schweizer Grenze an die Gestapo ausgeliefert. Der Intervention seines früheren Kollegen, dem inzwischen zum Generalintendanten avancierten Gustaf Gründgens, hat Busch es zu verdanken, daß das sichere Todesurteil in sieben Jahren Haft endet. Eisler siedelt 1949 nach (Ost-)Berlin über, wo Busch bereits seinen Schallplattenverlag ›Lied der Zeit‹ gegründet hat (so daß sein Werk heute zu den am besten dokumentierten gehört). Beide fallen, wie auch ihr Freund Brecht, ab Anfang der 50er Jahre den Ränkespielen der kommunistischen Kulturpolitik zum Opfer.

Max Colpet: Die Zeitfurie

Ich bin die Dame, die in der »Dame« auf jeder Seite zu sehen ist.
Ich wechsele die Kleider, ich wechsele die Schneider,
Was gestern modern war, ist heut für mich Mist.
Ein Kleid, das mir gefällt,
Muß das verrückteste sein,
Muß das raffinierteste sein,
Muß das teuerste Kleid sein der Welt.
Und hab ich mir's bestellt –
Dann trag ich's nicht, dann trag ich's nicht
Für kein Geld in der Welt!
  Wissen Sie nicht mal was Neues für mich?
  Was ganz Verrücktes, was ganz Perverses?
  Wissen Sie nicht mal was Neues für mich?
  Etwas, was noch keine Frau getragen hat?
  Ich hab's:
  Ich ziehe gar nichts an,
  Ich gehe nackt, ich mal mich an!
  Vorn mal ich mir 'ne Landschaft hin
  Und hinten 'nen modernen Akt.
  Dann werden die Männer, dann werden die Männer
  Von mir gepackt, ach, so –!

Ich habe Männer, so viele Männer, an jedem Finger habe ich zehn.
Fürsten und Grafen woll'n mit mir schlafen –
Ich lasse sie alle zum Teufel gehn!
Ein Mann, der mir gefällt,
Muß das Idiotischste sein,
Muß das Zurückgebliebenste sein,
Muß das Blödeste sein von der Welt.
Und hab ich diesen Mann –
Dann seh ich ihn, dann seh ich ihn
Nicht mal am Tage an …
  Wissen Sie nicht mal was Neues für mich?
  Was ganz Verrücktes, was ganz Perverses?

Wissen Sie nicht mal was Neues für mich?
Etwas, was noch keine Frau im Leben tat?
Ich hab's:
Ich fahr nach Hindustan und lach mir einen Hindu an!
Der müßte furchtbar schmutzig sein,
Naiv und noch nicht aufgeklärt.
Dann werd ich als Göttin, als Göttin der Liebe
Von ihm verehrt – oh!

Ich mach ein Wesen aus meinem Wesen
Wie man es größer gar nicht machen kann.
Ich hab nichts zu tun, als nur so zu tun,
Als ob ich vor Arbeit nicht arbeiten kann.
Ich habe zu nichts Zeit!
Ich bin das albernste Weib,
Ich bin das nervöseste Weib
Wo raus ist weit und breit.
Und hab ich einmal Zeit:
Vergeud ich sie, verschenk ich sie –
Ja, was soll ich denn mit der Zeit?
Wissen Sie nicht mal was Neues für mich?
Was ganz Verrücktes, was ganz Perverses
Wissen Sie nicht mal was Neues für mich?
Etwas, was noch überhaupt kein Mensch getan?
Ich hab's:
Ich lass mir einmal Zeit! Ich denke nach! –
Nein, das geht zu weit!
Früher hätt man mich glatt verbrannt,
Doch heut verbrennt mich keiner mehr.
Und grad das Verbrennen, und grad das Verbrennen
Denk ich mir so interessant –
Aahh!

Eine Institution des Berliner Unterhaltungslebens für drei Jahrzehnte war Rudolf Nelson (eigentlich Rudolf Lewysohn, 1878–1960). »Ein kleiner Offenbach seiner Art« wird er genannt oder, etwas despektierlicher von Tucholsky, »der dicke Napoleon des Cabarets«. Und tatsächlich steht er mit seinen rund 6 000 Kompositionen als unumstrittener Kaiser der leichten Muse da. Schon als Fünfjähriger wird er als musikalisches Wunderkind herumgereicht, und an der Königlichen Musikhochschule fällt er unangenehm auf, weil er sich lieber um das Brettl als um Bach kümmert. Besuche in Wolzogens ›Überbrettl‹ lassen in ihm die Überzeugung reifen, im Cabaretchanson seine Bestimmung gefunden zu haben. 1904 gründet er mit dem Chansonnier Paul Schneider-Duncker (1883–1956) sein erstes Unternehmen, den ›Roland von Berlin‹. Und kreiert damit den Typus des mondänen, intimen Weltstadtcabarets, das noch heute als ideale Umgebung für die Kunstform Chanson gesehen wird. Mit nur 120 Plätzen heißt es kalkulieren – und Nelson erweist sich als guter Geschäftsmann: Er schielt von vornherein auf die amüsierwilligen (Geld-)Adelskreise, die auch tatsächlich 10 bis 20 Goldmark für einen Platz zahlen. Natürlich ist dies eine klare Entscheidung gegen jegliche Satire oder gar soziale Note im Programm; aber das lag Nelson sowieso nie. Ein bißchen Sentimentalität ja, aber in der Grundstimmung stets heiter – so waren seine Melodien wie seine Lebenseinstellung. Immer musikalisch auf der Höhe der Zeit, erahnt er neue Strömungen seismographisch und verwertet sie sofort in seinen Melodien. Die Schallplatte interessiert sich früh für ihn und trägt seine pikanten Melodien so auch bald in nichtadelige Kreise durch ganz Deutschland. Über die Inhalte äußert sich der junge Tucholsky so: »Analysiert man diese Kabarettlieder, so ergibt sich als Fazit die Konstatierung der Existenz des außerehelichen Geschlechtsverkehrs.« Die nächste Station ist das Metropol-Theater, für das er Operetten und Jahresrevuen schreibt; und auch bei den unsäglichen Kriegsproduktionen hat Nelson die Nase vorn: Schon fünf Wochen nach der Mobilmachung hat ›Der Kaiser rief‹ Premiere …

Das Nachkriegs-Elend kann nicht bloß mit bunten Melodien übertüncht werden, das erkennt Nelson sofort. So setzt er ab 1920 auf die neue Form der Ausstattungsrevue, aber auch auf zündende Texte zu den schärfer gewordenen Rhythmen. Die liefert ihm vor allem Kurt Tucholsky, der anfangs noch in bester Couplettradition probiert, wenigstens in die Schlußverse eine politische Spitze einfließen zu lassen. Doch der kaisertreue Nelson weigert sich, und Tucholsky sucht sich für diese Texte einfach andere Podien (siehe Seite 53ff.). Daneben kann man bei Nelson Anita Berber mit ihren Nackttänzen bewundern oder Josephine Baker erstmals in Deutschland 1925 den Charleston tanzen sehen, nur mit ihrem legendären Bananenrock bekleidet. Als die Zeit der Großrevue vorbei ist, tut sich Nelson mit Schiffer und Hollaender zusammen; auch diese Melange hat Erfolg. Zwischen 1919 und 1933 bringt »der Mann mit der Glatze«, der jeden Abend höchstpersönlich am Klavier sitzt, insgesamt 18 Kabarettrevuen heraus. Aus seiner vorletzten Berliner Revue, ›Es hat geklingelt‹ von 1932, stammt das hier präsentierte Chanson, das den dekadenten, vom schnellebigen Zeitgeist besessenen Frauentypus karikiert, wie er von Gesellschaftszeitschriften, wie der ›Dame‹ und dem ›Uhu‹, propagiert wurde.

Mit diesem Lied stellt sich Nelsons neueste Entdeckung, die Schauspielerin Hilde Hildebrandt (1897–1976), als Diseuse vor. Ihre elegante Erscheinung, gepaart mit einer wunderbaren Selbstironie, prädestinieren sie für die Verkörperung der Salondame, des Vamps mit nicht immer ganz seriösem Hintergrund. Ihr hörbares Lächeln und ihre verhangene Stimme machen ihre zahlreichen Chansonaufnahmen zu den interessantesten der 30er Jahre. In den frühen Screwball-Comedies des deutschen Films macht sie Karriere, die aber aufgrund ihrer ablehnenden Haltung den neuen Machthabern gegenüber bald ausgebremst wird. Am bekanntesten ist sie heute noch durch ihre Darstellung der Bardame Anita im Hans-Albers-Film ›Große Freiheit Nr. 7‹ (1944).

Den Text der *Zeitfurie* verfaßt ein anderes junges Talent, nämlich Max Kolpe (eigentlich Max Kolpenitzky, ab 1933 Max Colpet, 1905–1998). Er schreibt an Kästner orientierte Großstadtlyrik, gründet 1928 zusammen mit Erik Ode (1910–1983) das Kabarett ›Anti‹ und erarbeitet mit Billy Wilder (*1906) Drehbücher für die

Ufa. 1933 muß auch er fliehen, zuerst nach Wien, dann nach Paris, wo er wieder Einstieg ins Filmgeschäft findet. Mit dem Einmarsch der Deutschen beginnt auch für ihn die Flüchtlingsodyssee, die zur entbehrungsreichen Internierung in Frankreich und der Schweiz führt. Nach dem Krieg wird Colpet vor allem für seine brillanten Chanson- und Schlagerübersetzungen, unter anderem für seine gute Freundin Marlene Dietrich, geschätzt.

Rudolf Nelson trennt sich nur schwer von Berlin; er, der gänzlich Unpolitische, scheint fast überrascht zu werden von den Nazis. Erst als sie seine Vorstellungen stören, begreift er und landet schließlich in den Niederlanden, wo er ungebrochen weiter produziert (81 Produktionen weist sein Arbeitsjournal von 1934 bis 1942 auf). Die Okkupation überlebt er mit seiner nichtjüdischen Frau Käthe Erlholz in einem Amsterdamer Versteck. Sein Sohn und zeitweiliger Textlieferant Herbert Nelson (1910–1988) geht in den Widerstand. 1949 nach Berlin zurückgekehrt und nach seiner Exilzeit befragt, spricht der pathologische Optimist Rudolf Nelson mit gütigem Lächeln davon, daß er lediglich seinen Wohnsitz zeitweise im Ausland genommen habe …

Rudolf Nelson (zeitgenössische Karikatur)

Walter Reisch: Ja, so bin ich!

Weil mir so ist, hab ich die andern fortgejagt
Heute nacht.
Weil mir so ist, hab ich zu dir »Bleib da!« gesagt
Heute nacht.
Und nun ist Nacht, und ich habe dich ganz.
Ist das nicht schön: Zwei Menschen, die sich nie gesehn
Sind allein.
Ein Liebespaar für heute – morgen wieder fremde Leute.
  Ja, so bin ich!
  Und alles andere ist mir ganz egal!
  Ich bin eben wild auf's Leben!
  Steck das Geld ein,
  Bezahlen kannst du auch ein anderes Mal.
  Ich frag dich nicht, wer du bist.
  Ich nehm dich, weil mir so ist.
  Ja, so bin ich!

Vor einem Jahr, da wollt mich einer mal zur Frau –
Lach doch nicht!
Er hatte bar dreitausend Dollar ganz genau.
Ich fand ihn nett, und drum sagte ich »Ja«.
Dann kam ein Mann, der konnte Geige spielen
So wie ein Gott.
Ich sah nur seine Hände – und mein Brautstand war zu Ende.
  Ja, so bin ich!
  Und alles andere ist mir ganz egal!
  Ich bin eben wild auf's Leben!
  Steck das Geld ein,
  Bezahlen kannst du auch ein anderes Mal.
  Ich frag dich nicht, wer du bist.
  Ich nehm dich, weil mir so ist.
  Ja, so bin ich!
  – So bin ich.

Mit der Einführung des Tonfilms 1928 in Deutschland beginnt die Weltkarriere einer Frau, die auch den Chansonvortrag revolutionieren sollte: Marlene Dietrich (1901–1992). Ist ihre Popularität bis dahin weitgehend auf Berlin beschränkt, wird sie mit Josef von Sternbergs ›Der Blaue Engel‹ (1930) sozusagen über Nacht der Inbegriff der deutschen Femme fatale, die es mit der Garbo aufnehmen kann. Und folgerichtig fährt die Dietrich noch am Premierenabend des Films gen Hollywood. Denn die ehrwürdigen Direktoren der Ufa erkannten nicht das Potential dieser Frau, die bald die ganze Welt mit ihrer Schönheit becircen sollte – und mit ihrer Stimme. Diese macht ein Gutteil des vielbeschriebenen Sex-Appeals der Dietrich aus – und sie weiß darum. Ihre Begabung liegt nämlich nicht so sehr in Schauspiel und Gesang (hier sind ihr andere weit überlegen), sondern in ihrem Wissen um die eigene Wirkung. Und die ist enorm – kaum ein Weggefährte, der nicht in seinen Memoiren von dem ersten überwältigenden Eindruck spricht, den die Erscheinung der Dietrich auf ihn gemacht hat. Das Perfektionieren dieser Wirkung wird zum Lebensinhalt der Dietrich – und zu ihrem Fluch. Denn als die Kräfte der 75jährigen zur Bewahrung des lebenden Mythos nicht mehr reichen, zieht sie sich konsequent in die Einsamkeit ihrer Pariser Wohnung zurück und zeigt sich nicht einmal mehr Freunden. Ein Exil, das tragische 16 Jahre andauern soll. Verfolgt man ihre Schallplattenkarriere, wird auch hier die Intelligenz der »besten PR-Frau in eigener Sache« deutlich: Erste Aufnahmen lassen eine dünne, etwas schrille, nicht sehr gefestigte Stimme hören – eine von vielen. In dem ›Engel‹-Lied *Nimm dich in acht vor blonden Frau'n* setzt die Dietrich erstmals ein Mittel ein, das zu ihrem erotischen Markenzeichen wird: Sie spricht ganze Passagen, aus der Erkenntnis heraus, daß ihre Sprechstimme viel flexibler, tiefer und erotischer ist – und so viel stärker den von ihr verkörperten Typ des »Dämons Weib« transportiert. In dem nebenstehenden, 1933 in Paris aufgenommenen Lied, vom Operettenkomponisten Robert Stolz (1880–1975) vertont, setzt sie dieses Mittel fast ausschließlich ein und erzielt eine faszinierende Wirkung, die diesen Text wie ein persönliches Geständnis erscheinen läßt.

Friedrich Hollaender: An allem sind die Juden schuld

Ob es regnet, ob es hagelt, ob es schneit oder ob es blitzt,
Ob es dämmert, ob es donnert, ob es friert oder ob du schwitzt,
Ob es schön ist, ob's bewölkt ist, ob es taut oder ob es gießt,
Ob es nieselt, ob es rieselt, ob du hustest, ob du niest:
An allem sind die Juden schuld!
Die Juden sind an allem schuld!
Wieso, warum sind sie dran schuld?
Kind, das verstehst du nicht, sie sind dran schuld!
Und sie mich auch! Sie sind dran schuld!
Die Juden sind, sie sind und sind dran schuld!
Und glaubst du's nicht, sind sie dran schuld,
An allem, allem sind die Juden schuld!
Ach so!

Ob das Telefon besetzt ist, ob die Badewanne leckt,
Ob dein Einkommen falsch geschätzt ist, ob die Wurst nach Seife schmeckt,
Ob am Sonntag nicht gebacken, ob der Prinz of Wales schwul,
Ob bei Nacht die Möbel knacken, ob dein Hund 'n harten Stuhl:
An allem sind die Juden schuld! …

Ob der Dietrich dich versteuert, ob die Dietrich Kopf bis Fuß,
Ob Okasa sich verteuert, ob 'ne Jungfrau sagt: »Ich tu's«,
Ob es kriselt bei der Danat, ob ein Witz im Radio alt,
Ob die Garbo 'n hohlen Zahn hat, ob der Kuß im Tonfilm knallt:
An allem sind die Juden schuld! …

Daß der Schnee so furchtbar weiß ist und dazu, was sagt man, kalt,
Daß dagegen Feuer heiß ist und daß Bäume stehn im Wald,
Daß 'ne Rose keine Zwiebel und daß Schabefleisch geschabt,
Daß der Heine gar nicht übel und der Einstein ganz begabt:
An allem sind die Juden schuld! …

Mit dem enormen Stimmenzuwachs für die Nationalsozialisten bei den Reichstagswahlen im September 1930 steigt auch das Interesse der Öffentlichkeit für die Ideen Adolf Hitlers. Hatte sich sein bereits 1925 erschienenes Pamphlet ›Mein Kampf‹ bislang nur schleppend verkauft, erhöhen sich die Absatzzahlen 1930 auf insgesamt 86 158 Exemplare, 1932 werden alleine noch einmal 90 351 verkauft. Hitler läßt hier keinen Zweifel an seinen Zielen und den Methoden, mit denen er sie verwirklichen will. Die Juden bezeichnet er als »ewigen Spaltpilz der Menschheit«; Begriffe wie »Blutschande«, »Judenrepublik« und »jüdisch-bolschewistische Weltverschwörung« werden bereits hier benutzt und finden ihren Nährboden in der langen antisemitischen Geschichte Deutschlands und aktuellen Problemen. Die alten Mythen vom »Brunnenvergifter« und »Wucherer« werden wieder hervorgeholt, besonders von den NS-Zeitungen ›Der Angriff‹ und ›Der Stürmer‹, die mit unsäglichen Karikaturen und hanebüchenen Artikeln die propagandistische Hetze der Hitlerreden unterstützen.

Der Wahnwitz der »Herrenmenschen« wird besonders deutlich an folgendem Zahlenbeispiel: Die insgesamt 2000 erlassenen antijüdischen Verordnungen der Nazi-Zeit stehen einem jüdischen Bevölkerungsanteil von lediglich 0,76 Prozent (1933) in ganz Deutschland gegenüber. 31 Prozent aller deutschen Juden leben in Berlin, viele von ihnen in der Unterhaltungsindustrie tätig, so daß die Judenverfolgung und -ermordung der Nazis auch eine tiefgreifende Verödung der deutschen Kulturlandschaft zur Folge hat.

In seiner Revuette ›Spuk in der Villa Stern‹ greift der Jude Friedrich Hollaender das politische Klima des Jahres 1931 auf und persifliert es in gewohnt elegant-scharfzüngiger Manier. Das ausgewählte Chanson wurde dort von Annemarie Hase (1900–1971) vorgetragen, einer beliebten Schauspielerin, die ihre Texte und Chansons mit Berliner Mutterwitz umkleidete und später zu einer zentralen Figur des englischen Emigrantenkabaretts wurde (siehe Seite 109f.). Für die Vertonung hat sich Hollaender etwas Besonderes ausgedacht: Er textet auf die Melodie der berühmten Habanera aus Georges Bizets Oper ›Carmen‹ (eine im Kabarett beliebte, Quodlibet genannte Form, siehe Seite 134).

Mascha Kaléko: Jugendliebe a. D.

Die ganze Nacht hindurch hat es geregnet.
Mir ahnte gleich: der Tag fängt nicht gut an.
Um Mittag kam vom Steueramt der Mann,
Und dann am Abend bin ich dir begegnet.

Ich hätte dich beinahe nicht erkannt.
Du hast dich sehr verändert in den Jahren.
Auch ich hab zwischendurch sehr viel erfahren.
Mein Optimismus trat in Ruhestand.

– Was ich so treibe …? Nicht sehr viel. Man trottet
So nach und nach sein kleines Pensum ab.
Und meine Träume hab ich eingemottet.
Ich wuchs heraus. Nun sind sie mir zu knapp …

Du fragst so viel. – Ob ich jetzt glücklich sei,
Ob ich verliebt sei. Wie es sonst mir ginge …
Ich frage nichts. Dein Blick sagt mancherlei.
Es war einmal … Doch das sind tote Dinge.

– Heut bist du Prokurist und hast zwei Kinder,
Dein Lebenswandel ist korrekt, banal.
Du hattest einst ein andres Ideal;
Doch dieses scheint vernünftig und gesünder.

Ich sehe dich, vergangne schöne Jahre,
Und wie die Zeit uns durch die Finger rinnt.
Auch ich bin längst nicht mehr das große Kind.
Ich glaube nicht mehr an das Wunderbare –

Was übrig blieb von unsern großen Zielen,
Ist jetzt Gerümpel und nicht aktuell.
– Ich denk' an Gottes sogenannte Mühlen:
Sie mahlen doch zuweilen ziemlich schnell …

Eine Autorinnenkarriere, die 1933 erst ganz am Anfang steht und sich von der zerstörerischen Nazi-Kulturpolitik nie wieder ganz erholen sollte, war die der Mascha Kaléko (1907–1975). Mit ihrer melancholischen Großstadtlyrik hatte die erst 23jährige vor allem in der ›Vossischen Zeitung‹ auf sich aufmerksam gemacht. Sie trägt ihre in Berlin populären Verse bald auch selbst im Literaten-Kabarett ›Küka‹ vor und gehört zur Klientel des Romanischen Cafés, in dem die Berliner Autorenprominenz verkehrt. Ihre Texte spiegeln die Erfahrungen junger Großstädterinnen wider, zwischen grauem Büroalltag und verliebtem Wochenendausflug, in einer Sprache, die viel antrainierten Selbsterhaltungstrieb, aber noch größere Sehnsüchte des lyrischen Ichs verrät (das durchaus autobiographische Züge trägt).

Der zeitgemäße Ton der Kaléko kommt dem der fast gleichaltrigen Erfolgsautorin Irmgard Keun (1910–1982) nah, die mit ihren Büchern ›Gilgi – Eine von uns‹ (1931) und ›Das kunstseidene Mädchen‹ (1932) Innenansichten einer Jungmädchenseele fernab jeder Nesthäkchen-Romantik präsentiert. Die Nazis brandmarken diesen Stil der Neuen Sachlichkeit ein Jahr später als »Asphaltliteratur mit antideutscher Tendenz« und lassen ihre Bücher verbieten.

Ähnlich ergeht es der Kaléko: Ihre erste, von Ernst Rowohlt 1933 verlegte Gedichtsammlung ›Das lyrische Stenogrammheft‹ erlebt zwar schon nach wenigen Wochen eine Neuauflage, und 1935 wagt Rowohlt es noch, ihr ›Kleines Lesebuch für Große‹ herauszubringen (und das, obwohl die Kaléko in diesem Jahr bereits aus der Reichsschrifttumskammer ausgeschlossen worden war, was einem Berufsverbot gleichkam). Doch 1937 kommt das endgültige Aus. Die junge Schriftstellerin, die Hermann Hesse einmal mit Heinrich Heine verglich, flieht ein Jahr später nach Amerika. Sie kehrt erst 1957 nach Deutschland zurück, anläßlich der Wiederauflage ihres ›Stenogrammhefts‹. Der anfängliche Erfolg der Wiederentdeckten verebbt jedoch 1960 mit dem Tod des engagierten Verlegers Rowohlt und stellt sich bis zu ihrem Lebensende nicht wieder ein. Auch sie ist ein Opfer der *Spötterdämmerung*, wie Hollaender seinen Abgesang auf das sich verändernde deutsche Kabarett 1958 nannte: »Deine Bonmots beginnen zu rosten / Es brenzeln die Wortspielerei'n / In einer Welt der Mordspielerei'n« – die intimen Zeitverse der Kaléko passen nicht mehr ins zupackende deutsche Wirtschaftswunder. Verarmt und schwer krank stirbt sie 1975 in der Schweiz.

Heute liegt ihr Werk gründlich ediert vor, und Chansonniers entdecken sie neu. Erste Vertonungen ihrer Texte (etwa von Kurt Weill) gab es bereits in den 30er Jahren; vom hier abgedruckten Gedicht existiert eine sehr schöne von Eugen Thomass (*1927), die die Diseuse Hanne Wieder (1929–1989) auf einer Kaléko-EP 1963 interpretierte.

Mascha Kaléko (50er Jahre)

Walter Mehring: Der Emigrantenchoral

Werft Eure Herzen über alle Grenzen,
Und wo ein Blick grüßt, werft die Anker aus!
Zählt auf der Wandrung nicht nach Monden, Wintern, Lenzen –
Starb eine Welt – Ihr sollt sie nicht bekränzen!
Schärft Euch das ein und sagt: Wir sind zu Haus!
Baut Euch ein Nest!
Vergeßt – vergeßt,
Was man Euch aberkannt und Euch gestohlen!
Kommt Ihr von Isar, Spree und Waterkant:
Was gibt's da heut zu holen?
Die ganze Heimat und
Das bißchen Vaterland,
Die trägt der Emigrant
Von Mensch zu Mensch – von Ort zu Ort
An seinen Sohlen, in seinem Sacktuch mit sich fort.

Tarnt Euch mit Scheuklappen – mit Mönchskapuzen:
Ihr werdt Euch doch die Schädel drunter beuln!
Ihr seid gewarnt: das Schicksal läßt sich da nicht uzen –
Wir wolln uns lieber mit Hyänen duzen
Als drüben mit den Volksgenossen heuln!
Wo Ihr auch seid:
Das gleiche Leid
Auf 'ner Wildwestfarm – einem Nest in Polen,
Die Stadt, der Strand, von denen Ihr verbannt:
Was gibt's da noch zu holen?
Die ganze Heimat und
Das bißchen Vaterland,
Die trägt der Emigrant
Von Mensch zu Mensch – von Ort zu Ort
An seinen Sohlen, in seinem Sacktuch mit sich fort.

Werft Eure Hoffnung über neue Grenzen –
Reißt Euch die alte aus wie'n hohlen Zahn!

Es ist nicht alles Gold, wo Uniformen glänzen!
Solln sie verleumden – sich vor Wut besprenzen –
Sie spucken Haß in einen Ozean!
Laßt sie allein
Beim Rachespein,
Bis sie erbrechen, was sie Euch gestohlen,
Das Haus, den Acker – Berg und Waterkant.
Der Teufel mag sie holen!
Die ganze Heimat und
Das bißchen Vaterland,
Die trägt der Emigrant
Von Mensch zu Mensch – landauf, landab,
Und wenn sein Lebensvisum abläuft, mit ins Grab.

Mit dem von den Nazis propagandistisch mißbrauchten Reichstagsbrand vom 27. Februar 1933 beginnt die sanktionierte Verhaftung und Ermordung Mißliebiger, natürlich auch der spitzzüngigen Denker und Unterhaltungskünstler der Weimarer Republik.

Ganz oben auf der Liste der Häscher steht Walter Mehring (siehe Seite 32ff.). Goebbels hatte ihn in einem Artikel seiner Zeitung ›Der Angriff‹ unter der Überschrift »An den Galgen« zu Freiwild erklärt. Und nur dank der Geistesgegenwart seiner Kollegin Mascha Kaléko, die die Polizisten ablenkt, entgeht Mehring bereits am 26. Februar 1933 seiner Verhaftung im Romanischen Café. Er begibt sich direkt zum Bahnhof und flieht nach Paris – wie viele andere in dieser und der folgenden Nacht (etwa Friedrich Hollaender, der seine Flucht eindringlich in seinen Memoiren und seinem grandiosen Emigrantenroman ›Menschliches Treibgut‹ beschreibt).

Stellvertretend für die vielen anderen Emigrantenschicksale sei hier die Odyssee Walter Mehrings erzählt: Mehring kommt nicht als Fremder nach Paris. Schon 1921 hatte er hier seinen Wohnsitz genommen, pendelte sieben Jahre zwischen Seine und Spree, um schließlich doch nach Berlin zurückzukehren. Er mißtraut seinem Vaterland seit dem Schock des Ersten Weltkriegs und analysiert später klar: »Weil das damals alles möglich war, habe ich auch von Anfang an das Dritte Reich für möglich gehalten.« Als kämpferischer Individualist prägt er den Aphorismus: »Jeder Staat ist eine legalisierte Interessengemeinschaft, die sich gegen das Individuum verschworen hat.« Was in logischer Konsequenz dazu führt, daß er sich auch politisch nie vereinnahmen läßt: »Man speist die Hungrigen mit fetten Lettern / Das heißt mal Volk, mal Vaterland, mal Gott / Ach Gott! Errette uns vor unsern Rettern / Die Welterlöser gründen ein Komplott.«

Das Fluchterlebnis ist für Mehring prägend; er lebt fortan nur noch in Hotels, nicht mehr als drei Koffer belasten seinen weiteren Lebensweg. 1935 wird er »wegen Untreue zum Reich« ausgebürgert. Eine Ehrenbezeugung – denn Mehring war im Exil nicht untätig geblieben: Ein Jahr zuvor hatte er in Paris seinen Gedichtband ›Und Euch zum Trotz‹ veröffentlicht, aus dem auch der hier abgedruckte »Choral« stammt. Bald sollte dieser zur heimlichen »Nationalhymne« der deutschen Emigranten avancieren, von Mehring teils selbst auf Kabarettbühnen rezitiert, später – in der Vertonung Walter Goehrs (1903–1960) – von Ernst Busch gesungen. Doch es zieht Mehring wieder in den deutschen Sprachraum: 1934 geht er als Korrespondent diverser Emigrantenzeitungen nach Wien und entkommt 1938 nur knapp den in Österreich einmarschierenden Nazis in die Schweiz. Die Stationen der Treibjagd wechseln nun immer schneller: Wieder nach Paris gelangt, flüchtet Mehring 1940 quer durch Frankreich sechseinhalb Wochen vor den deutschen Besatzern und deren französischen Helfern.

Endlich in der Hafenstadt Marseille angekommen, findet er Kontakt zum amerikanischen Journalisten Varian Fry, der im Auftrag seiner Regierung Hilfsmaßnahmen für Emigranten organisiert. Fry erinnert sich in seinen Memoiren: »Alles verlief ganz glatt bis Anfang September, bis sich Mehring zur spanischen Grenze aufmachte (...) Mit einem tschechischen Paß, den ich ihm verschafft hatte, unter anderem Namen (...) In Perpignan mußte er in einen anderen Güterzug umsteigen. Zu seiner Überraschung und Freude war keine Bahnhofskontrolle anwesend. Unbehelligt ging er hinaus und setzte sich in ein Café, um sein nun nahendes Entkommen zu feiern. Fünf Minuten später wurde er von einem Geheimpolizisten dingfest gemacht.« Man bringt ihn in das Konzentrationslager St.Cyprien, das die Vichy-Regierung für »feindliche Staatenlose« eingerichtet hat. Nur durch einen gewitzt-kaltblütigen Trick entgeht Mehring der sicheren Deportation: Er betritt die Wachbaracke, in der zwei französische Soldaten frühstücken. Auf die Frage, was er hier wolle, entgegnet Mehring: »Ich will meinen Bruder, Herrn Mehring, hier im Lager besuchen. Ich habe gehört, daß er hier interniert ist.« Da er natürlich keine Besuchsgenehmigung vorweisen kann, schmeißen die Soldaten ihn raus – und damit in die Freiheit. Ein Bauer versteckt Mehring, wieder gelangt er mit einem Güterzug zurück nach Marseille, wo er im Laderaum eines Frachters endlich 1941 über Martinique in das sichere Amerika gelangt. Dort lebt er, am Rande des Existenzminimums, in literarischer Isolation.

1953 kehrt er nach Deutschland zurück – ein Land, das für Satiriker kaum Platz hat. Die gerade sich wiederbewaffnende BRD läßt sich in ihrem unbedingten Aufbauwillen nicht gerne kritisieren – und schon gar nicht von links. Die DDR, die um Mehring anfangs noch aus Prestigegründen buhlt, sieht in ihm nicht mehr als einen »linksbürgerlichen Schriftsteller, der nicht über die individualistisch-oppositionelle Haltung hinauskommt« (DDR-Literatur-Lexikon). Enttäuscht zieht sich der ewige Emigrant in die Schweiz zurück. Erst 1978 macht sich der Claassen-Verlag daran, die über 30 Bücher eines der größten Satiriker der deutschen Sprache wiederaufzulegen. Das Manuskript seines letzten Romans (über das Leben im Exil), an dem er über 30 Jahre schrieb, geht bei einem seiner vielen Hotelwechsel verloren. 1981 stirbt Mehring enttäuscht, verarmt und nahezu vergessen in Zürich.

Weiß Ferdl: Gleichgeschaltet, gleichgeschaltet

Früher gab's so viel Parteien,
Deshalb auch viel Reibereien.
Bis dann sprach ein Ingenieur:
Deutsche, nein, so geht's nicht mehr.
Weg mit diesen Wechselströmen,
Woll'n wir lieber Gleichstrom nehmen!
Er hat aus- und umgeschaltet.
Gleichgeschaltet, gleichgeschaltet.

Hat man Zeitungen gelesen
Früher, ist man blöd gewesen.
Die schrieb »Bravo, sehr gut. Heil!«,
Die andre »Pfui«, grad's Gegenteil.
Jetzt kannst du das Geld dir sparen,
Liest du eine, bist im klaren.
Gleichlautend sind all gestaltet:
Gleichgeschaltet, gleichgeschaltet.

Arbeitsdienst wurd eingeführet,
Mancher freudig mitmarschieret:
»Endlich schaffen, Gott sei Dank.«
Andere aber macht es bang.
Statt beim Fünf-Uhr-Tee fein schwofen,
Soll er jetzt im Gleichschritt loofen.
Hand, gepflegt, a Schaufel haltet –
Gleichgeschaltet, gleichgeschaltet.

Man hört nicht mehr Saxophone,
Tanzt nicht Rumba, Charlestone.
Fort mit Jazz und Niggertanz,
Sind nicht mehr meschugge ganz.
Alte Weisen hört man wieder,
Stramme Märsche, deutsche Lieder,

Die man gern im Ohr behaltet.
Gleichgeschaltet, gleichgeschaltet.

Mit dem Eintopf, dem bekannten,
Sind die Frau'n sehr einverstanden.
Weg mit Austern, Kaviar,
Mit dö Schmankerln is jetzt gar.
Am Sonntag kochen s' alte Boana,
Sag'n: »Das is a Pichlstoana«,
Aufg'wärmt, daß bis Samstag haltet,
Gleichgeschaltet, gleichgeschaltet.

Will der Mann a Freundin halten
Und nicht treu bleib'n seiner Alten,
Steht in Saft die deutsche Frau,
Droht dem Gatten mit Dachau:
»Zwanzig Jahr hast unverdrossen
Meine Reize du genossen.
Dabei bleibt's, bist auch veraltet,
Gleichgeschaltet, gleichgeschaltet.«

Bei den Abrüstungskonf'renzen
Die Franzosen immer benzen:
Deutschland, ach, bedroht uns sehr!
Doch die Welt glaubt's längst nicht mehr.
Unser Kanzler sprach es offen:
»Friede hat nur der zu hoffen,
Der abrüstet, da Wort haltet.«
Gleichgeschaltet, gleichgeschaltet.

Ganz vereint sind Bayern, Preißen
Nicht mehr auseinand' zu reißen.
Statt, daß in die Berg' wir ziehn,
Mach ma Weekend in Berlin,
Tun im Lunapark dort rodeln,
Die Preußen lernen dafür jodeln.

Mensch, wie det zusammenhaltet!
Gleichgeschaltet, gleichgeschaltet.

Wenn wir fest zusammenstehen,
Muß's doch wieder aufwärts gehen.
Bauer, Arbeitsmann und Knecht,
Adel, Bürger – gleiches Recht.
Für das Land, das wir gestritten
Und viel Jahre Not gelitten,
Woll'n wir leben ungespaltet,
Gleichgeschaltet, gleichgeschaltet.

Die deutsche Volksseele kann nun wieder selbst zum Ausdruck kommen. Diese Flammen werfen ihr Licht nicht allein auf das Ende einer vergangenen Ära, sondern auch auf den Beginn einer neuen«, so der NS-Propagandaminister Joseph Goebbels (1897–1945) anläßlich der Bücherverbrennung in Berlin am 10. Mai 1933. Die Werke unliebsamer in- und ausländischer Autoren werden hier, von markigen »Feuersprüchen« begleitet und für jeden sichtbar, aus dem Kulturleben des »Dritten Reiches« verbannt. Doch das ist erst der Anfang. Mit deutscher Gründlichkeit geht Goebbels daran, das Kulturleben von Grund auf neu zu organisieren. Dies geschieht im Zuge der Gleichschaltungspolitik Hitlers, die mit einem »Gesetz zur Gleichschaltung der Länder mit dem Reich« am 31. März 1933 eingeläutet wird. Danach werden die Länderparlamente einfach ohne Neuwahlen nach dem Verhältnis der (für die Nazis positiven) Reichstagswahl umgebildet. Acht Monate später werden sie ganz abgeschafft – es gibt ohnehin nur noch die NSDAP. Alle übrigen Parteien sind verboten, andere Organisationen werden aufgelöst oder in NS-Organisationen zwangsintegriert. So bildet Goebbels denn auch am 22. September 1933 die Reichskulturkammer, deren Sinn er in dem »Zusammenschluß aller Schaffenden in einer geistigen Kultureinheit« sieht. Im Klartext: Einschwören der künstlerisch Tätigen auf Linientreue zur Partei – oder Ausschluß und Berufsverbot. Die Kammer ist in sieben Einzelkammern unterteilt, um auch eine wirklich effektive Kontrolle zu garantieren (für Schrifttum, Presse, Theater, Musik, Bildende Künste, Funk und Film).

Etwa 4000 Künstler verlassen Deutschland nun aus »rassischen« oder politischen Gründen in kürzester Zeit. Ein Kulturschock, von dem sich das Land in einigen Bereichen bis heute nicht erholt hat. Die Lücken werden nur selten adäquat gefüllt. Biederer Kraft-durch-Freude-Humor soll da eleganten Esprit ersetzen, und das Mittelmaß feiert fröhliche Urständ. Da braucht der Volkskörper schon gehörige Scheuklappen, um die Wahrheit nicht mit der Propaganda eines Joseph Goebbels vergleichen zu können: »Das deutsche Künstlertum aber insgesamt verneigt sich in Ehrfurcht und Dankbarkeit vor dem Führer, dessen künstlerischer Dämon der deutschen Politik den mitreißenden Zug und dessen Politik der deutschen Kunst den leidenschaftlichen Impuls gab.«

Einer, der sich schon früh und tief verneigt, ist der bayerische Volkssänger Weiß Ferdl (eigentlich Ferdinand Weisheitinger, 1883–1949). In der Truppenbetreuung des Ersten Weltkrieges entdeckt der mit einer Opernkarriere liebäugelnde Sänger sein Talent zur urigen Unterhaltung. 1918 tritt er erstmals öffentlich im Münchener ›Platzl‹ auf, einer der 47 großen Bierhallen mit Spielbetrieb, in denen zwischen volkstümlichem Theaterstück und Ländlermusik auch Humoristen und Volkssänger auftreten. Um 1914 gibt es etwa 800 davon; am bekanntesten sind heute vielleicht noch Karl Valentin (1882–1948) und Liesl Karlstadt (1892–1960). Es entwikkelt sich hier eine ganz eigene Kultur von unten, mit Stereotypen und wiederkehrenden Themen, die gemütlich Zeitpolitik betreibt (das antisemitische Bild des Juden als raffgierigem Verderber ist übrigens auch hier schon früh zu finden). Die Coupletform ist dabei die beliebteste, wenn auch nicht so raffiniert wie etwa bei Otto Reutter; die Musik orientiert sich an volkstümlichen Mustern und wird oft vom vielseitig begabten Sänger selbst geschrieben. Der Volkssänger ist meist patriotisch gesinnt, will sagen: bayerisch und damit antipreußisch (was ihn in der Kaiserzeit zu einem beliebten Ziel der Zensur macht).

So eindeutig rechts wie Weiß Ferdl haben sich aber wenige geäußert. Schon 1921 tritt er (zusammen mit Ernst von Wolzogen) auf Veranstaltungen der jungen NSDAP auf und avanciert bald zum Lieblingshumoristen Adolf Hitlers, der ihn oft empfängt. Die Nazi-Presse erhebt ihn zum »Komiker des Dritten Reichs« und schätzt an ihm »die Gabe, treffend und harmlos zugleich zu sein, frei vom Geist der Negation, voll des aufbauenden und versöhnenden Humors, der nottut«.

Weiß Ferdl übernimmt die Direktion des ›Platzl‹, dreht einige Filme und nimmt über 100 Titel auf Schallplatten auf, die im Rundfunk überregional Verbreitung finden. Auch das hier wiedergegebene, 1933 von ihm vertonte Lied existiert auf Schellack.

In bester Volkssängertradition »persifliert« er hier Zeitgeschehen: die Gleichschaltung der Politik, die Zensur der Presse, den von den Nazis eingeführten Eintopfsonntag (die Differenz zum üblichen »Sonntagsbraten« mußte von den Haushalten an das Winterhilfswerk als Spende abgeführt werden). Selbst das seit 1933 existierende Konzentrationslager Dachau wird thematisiert! Die oft geäußerte Behauptung, Weiß Ferdl beweise sich in seinen Texten als spitzfindiger Regimegegner, kann wohl bei Lektüre dieser Zeilen, noch weniger bei umfassender Werk- und Biographie-Kenntnis nicht aufrechterhalten werden. Die ihn ehrende Zuschreibung parteifeindlicher Flüsterwitze, die ihm zeitweise Goebbels' Groll zuzogen, hat Weiß Ferdl sogar selbst stets bestritten – auch nach dem Kriege. 1945 wird er, trotz seines Parteibuchs, lediglich als »Mitläufer« eingestuft und darf weiter seinen »aufbauenden Humor« verbreiten.

Hellmuth Krüger: Jüterbog

Warum muß immer Wien allein
Die Stadt der Schlagerdichter sein?
Warum nicht einmal eine Stadt,
Die noch kein Mensch besungen hat!
Auch Pforzheim manchen Zauber weist,
Wenn's auch kein großer Dichter preist.
Warum fand niemand Melodien
Für Ingolstadt und Neuruppin?
Ich denke mir, daß jede Stadt
Ihr Schlagerlied zu fordern hat.
Zum Beispiel:
  Mein Herz flammt wie ein Blütenstock
  Für Jüterbog, für Jüterbog.
  Was soll ich denn mit Allenstein?
  Das reimt sich nur auf Gallenstein.
  Für einen Reim auf Bitterfeld
  Gibt mir bestimmt kein Dritter Geld,
  Doch Jüterbog, das gibt was her,
  Die Stadt mach ich noch populär.

Man kann dort Bäume blühen sehn,
Auch wenn sie nicht im Prater stehn.
Der Wein, den man in Grinzing sauft,
Wird auch in Jüterbog verkauft.
Der Bahnhof und das Krankenhaus,
Die sehn doch alle ähnlich aus.
Und Wald und Wiese, Busch und Feld
Sind als Umgebung rumgestellt.
Wieso ist das nicht eine Stadt,
Die jedem was zu bieten hat?
  Mein Herz flammt wie ein Blütenstock
  Für Jüterbog, für Jüterbog.
  Gewiß, die Stadt gewönne sehr,
  Wenn sie am Strand der Donau wär!

Und wenn's 'nen »oiden Stefferl« hätt',
Dann wäre Jüterbog komplett.
Und wenn es dann noch anders hieß,
Wär Jüterbog beinah Paris.

Jedoch der Gipfel wird erreicht,
Wenn man den Ort im Tonfilm zeigt.
Der Jannings herrscht dann in der Stadt,
Daß Fröhlich nichts zu lachen hat.
Und fehlt auch Annabella dir,
'S ist eine aus Probstzella hier,
Und Albers singt total barock
Dann »Sous les toits de Jüterbog«.
Das Lied der Ufa-Produktion
Spielt dann ein jedes Grammophon.
Mein Herz flammt wie ein Blütenstock
Für Jüterbog, für Jüterbog.
Du fühlst dich wie im Himmel drin,
Küßt dich die Jüterbogerin,
Denn was am Rhein ein alter Brauch,
Das kann man an der Jüte auch.
Wo kämen, wenn dem nicht so wär,
Die ganzen Jüterboger her?

Das deutsche Kabarett geht vor den neuen Machthabern in die Knie. Es wird ihm aber auch kaum eine Chance gegeben. Der Nazi-Presse sind Kabaretts nur »geistige Schuttabladeplätze«, wo »parasitäres Geschmeiß« »morbide Geistesblüten« ablädt.

Den Vorwurf der Humorlosigkeit wollen die Nazis aber trotzdem nicht auf sich sitzen lassen: »Es ist ein Irrtum, zu glauben, daß es in der Politik keinen Spielraum für Humor und Witz gäbe«, schreibt das SS-Organ ›Das Schwarze Korps‹ im Juli 1936, aber der politische Witz sei nun mal »eine Frage der Haltung und Gesinnung«. Und 1938 ergänzt Goebbels: »Man komme uns nicht mit dem Einwand, man wolle ja nur durch positive Witze unsere Politik unterstützen. Wir haben eine solche Unterstützung durch Conferenciers und sogenannte Ulkmacher nicht nötig.« Diese Arroganz entspringt aber einer tiefsitzenden Angst vor dem revolutionären Element des Humors, das der Zündstoff für jede wirklich gute Pointe ist. Goebbels weiß darum, versucht, Unbotmäßige (wie den Conferencier Werner Finck) durch KZ-Haft einzuschüchtern. Schließlich weiß er sich 1941 nicht anders zu helfen als durch ein generelles Verbot jeglicher Conference oder Ansage: »Glossierungen von Persönlichkeiten, Zuständen oder Vorgängen des öffentlichen Lebens, auch angeblich positiv gemeinte, sind in Theatern, Kabaretts, Varietés und sonstigen öffentlichen Unterhaltungsstätten verboten.« Dem Kabarett ist damit das Grab geschaufelt, und das stumme Nummerngirl feiert seine Auferstehung. Hätschelkind der Nazis wird die unpolitische Ausstattungsrevue, allen voran die jeglicher Rationierung hohnlachenden Produktionen der ›Scala‹ in Berlin.

Und natürlich widmet sich Goebbels seinem besonderen Steckenpferd, dem Film. Neben – vom Publikum aber weitgehend abgelehnten – Propagandagreuelfilmen wie ›Der ewige Jude‹ (1940) setzt er auf geschickt verpackte Propaganda und Ablenkung in musikalischen Unterhaltungsfilmen. Hier turnt Marika Rökk etwas hausbacken in frühen Farbfilmversuchen zwitschernd Revuetreppen herunter, und Ilse Werner pfeift sich eins auf Bomben und Trümmer. Das Chanson, sonst so sicher beheimatet im Kabarett, verkommt mehr und mehr zum Tonfilmschlager. Lediglich einige Ufa-Stars vermögen mittels ihrer geheimnisvoll-dunklen Stimmen banalen Texten den gewissen Chanson-Touch zu verleihen: Allen voran die als Dietrich-Nachfolge von der Ufa eingekaufte Schwedin Zarah Leander (1907–1981), die in ihrem Rollenklischee der gutherzigen Frau mit zweifelhafter Vergangenheit auch einmal ein bißchen mit der Sünde kokettieren darf; der kapriziöse Stummfilmstar Pola Negri (1894–1987) kehrt aus Hollywood ins braune Reich zurück und raunt unnachahmlich einige Peter-Kreuder-Schlager ins Mikrofon; und schließlich überzeugt die mit dem Komponisten Franz Grothe verheiratete Norwegerin Kirsten Heiberg (1907–1976) mit Interpretationsqualitäten.

Ebenfalls mit einem erfolgreichen Komponisten verheiratet, nämlich Theo Mackeben, ist die Schauspielerin und Diseuse Loni Heuser (1908–1999), die das hier abgedruckte, für den glattgebügelten NS-Humor typische Lied kreiert. Als Soubrette kommt sie 1932 nach Berlin und wird mit humoristischen Vorträgen bald zum gerngesehenen Gast der Varietés ›Scala‹ und ›Wintergarten‹ und des Nazi-Vorzeigekabaretts ›Kabarett der Komiker‹ (Kadeko). Hier wird von jeher eine Mischung aus Varieté und Kleinkunst geboten, so daß sich ab 1933 schleichend die Gewichtung verschieben läßt. Die durchaus politische Vergangenheit des seit 1924 bestehenden Hauses wird ganz einfach vergessen, wie auch ihr neuer Leiter Willi Schaeffers (1884–1964) seine Vergangenheit bei Nelson, Hollaender und Co. verdrängt. Er macht sich einen Namen als Talentsucher und entdeckt zum Beispiel den *Jüterbog*-Komponisten Günter Neumann (siehe Seite 131ff.).

Der Texter Hellmuth Krüger (1890–1955) ist einer der begehrtesten Conferenciers seiner Zeit. Unter anderem schreibt er mit Friedrich Hollaender zusammen die Revue ›Der! Die! Das!‹ (›Bonbonniere‹, München 1925). Hatte er noch 1931 für Schaeffers den durchaus nazikritischen Text vom *Bücherkarren* verfaßt (»Trifft ins Herz uns Adolfs Pfeil / Oder nur ins Gegenteil?«), jagt er jetzt in textlich seichteren Gefilden nach Pointen. Doch die Landminen der »political correctness« lauern überall: Die erste Fassung des *Jüterbog*-Scherzes war nämlich einer anderen Stadt gewidmet: »Mein Herz schlägt wie ein Blasebalg / Für Pasewalk, für Pasewalk« hieß es da. Doch Pasewalk war der naziideologisch überhöhte Ort, an dem »der Führer« als zeitweise Erblindeter im Lazarett das Ende des Ersten Weltkriegs erlebte. Allein schon die Andeutung eines Lachens im Zusammenhang mit dieser mythischen Stätte erschien der Zensur verwerflich. So kommt denn eine andere Garnisonsstadt 1937 zu Chansonehren …

Erika Mann: Frau X

Ich heiße X und habe einen Laden,
Drin es Verschiedenstes zu kaufen gibt.
Ich will im ganzen keinem Menschen schaden –
Ich und mein Mann, wir sind auch recht beliebt.
Man lügt und man betrügt sich durch die Woche,
Am Sonntag reicht es dann zu Wein und Huhn.
Mit Ehrlichkeit hat unsere Epoche
Und mit Charakter ja nichts mehr zu tun.
  Es kräht kein Hahn danach,
  Es kräht kein Hahn danach,
  Die Hühner lachen leis.
  Es schert sich keine Katz,
  Weil das doch jeder weiß:
  Wer's Pech hat, na, der hat's.

Mein Mann betrügt mich oft, ich weiß es immer,
Und ich betrüge ihn in mancher Nacht.
Er mietet sich zu diesem Zweck ein Zimmer,
Ich und mein Freund, wir haben's oft belacht.
Dabei betrügt mich der mit meiner Jüngsten,
Die lügt mich an, das lebenstüchtge Ding.
Ja, ja, ich weiß, es war vergangne Pfingsten,
Daß sie zum ersten Male zu ihm ging.
  Es kräht kein Hahn danach …

Und gibt es Krieg, dann muß es ihn halt geben –
Wozu denn sonst das Militär im Land?
Die Industrie will schließlich weiterleben.
Ich und mein Mann, wir haben's längst erkannt.
Wenn wir daheim sind und am Radio hören,
Wie das so funkt und tut aus manchem Reich.
Und andre Leute lassen sich nicht stören –
Nur Österreich selber ward ein bißchen bleich:
  Es kräht kein Hahn danach …

Wenn wir's nicht hindern, sind wir schnell verloren –
Der Vogel Strauß macht große Politik;
Den Kopf im Sand bis über beide Ohren,
Zwitschert er dumpf: »Ich bin nicht für den Krieg.«
Am Ende liegt die Welt in Schutt und Trümmern,
Die wir so listig-tüchtig aufgebaut.
Das Giftgas schwelt in unsern guten Zimmern –
Ich und mein Mann, wir geben keinen Laut.
  Nun krähn die Hähne all
  Ums blutge Morgenrot –
  Die Hühner weinen leis.
  Zu spät schert sich die Katz,
  Die es nun gründlich weiß:
  Wer's Pech hat, na, der hat's.

Natürlich bleiben die aus Deutschland emigrierten Künstler nicht untätig. Allerorten gründen sich Exilkabaretts, mit mehr oder weniger Erfolg. Das erste Exilkabarett ist gleichzeitig das letzte in Deutschland gegründete vor der Machtübernahme Hitlers: ›Die Pfeffermühle‹. Der Name stammt von niemand Geringerem als dem Literaturnobelpreisträger Thomas Mann, der ansonsten die künstlerischen Betätigungen seiner Kinder mit gemischten Gefühlen begleitet. Hier ist es aber die Lieblingstochter Erika (1905–1969), die sich als Direktorin versuchen möchte, unterstützt von ihrem skandalumwitterten Lieblingsbruder Klaus (1906–1949). Schon 1925 hatten die beiden, zusammen mit der Wedekind-Tochter Pamela und dem jungen Gustaf Gründgens, ein Theaterensemble gebildet, das die eher schwachen dramatischen Versuche Klaus Manns auf die Bühne brachte (zum Beispiel ›Anja und Esther‹, ›Revue zu vieren‹). Die theaterspielenden Dichterkinder, die zeitweise Ehe Erika Manns mit Gründgens, der hinter Exaltiertheit seine Homosexualität weitestgehend verbarg, wie das offen gelebte Schwulsein Klaus Manns wurden von Presse wie Kabarettautoren immer wieder amüsiert beleuchtet. So findet auch der neueste Streich der Mann-Kinder große Beachtung. Doch diesmal erkennt man die Ernsthaftigkeit des Unterfangens, horcht auf bei dem »Schwanengesang der deutschen Republik« (Thomas Mann). Und das, obwohl das erste Programm (Premiere am 1. Januar 1933) relativ unpolitisch ist. Doch München ist froh darüber, überhaupt wieder ein ernstzunehmendes Kabarettensemble zu beherbergen und nicht nur als »Hauptstadt der Bewegung« Berlin gegenüber trumpfen zu können. Auch liegt die Betonung des ersten Programms auf literarischer Parodie, Groteske und allegorischer Lyrik in der Natur Erika Manns: »Schon das erste Programm war andersartig als die Kabaretts, die bis dahin üblich waren (...), das heitere Gespött schien uns schon sehr fehl am Platze, es war über diese Dinge schon nicht mehr einfach nur zu lachen, man konnte nicht mehr auf die Musik *Auf in den Kampf Torrero* (sic!) singen ›An allem sind die Juden schuld‹! Das ging uns gegen den Geschmack, denn uns war totenernst zumute. Aber wir hatten doch genug Humor in uns, um zu sehen, in welcher absurden Situation wir uns befanden. (...) Es durfte nicht getändelt werden bei uns, es mußte hinter der ganzen Sache ein erhebliches Quantum Ernst stehen. Erst über diesen Ernst hinweg durften wir die Leute zum Lachen bringen.« Was die relative Pointenlosigkeit vieler Texte aus der Feder Erika Manns erklärt. Unterstützt wird sie unter anderem vom Pianisten Magnus Henning (1904–1995), dem eigentlichen Initiator des Unternehmens, und der (auch bei Hitler trotz ihrer jüdischen Herkunft) beliebten Schauspielerin Therese Giehse (eigentlich Therese Gift, 1898–1975). Das zweite Programm, nur einen Monat später herausgebracht, ist da schon schärfer. Zwei Tage nach dem Machtantritt Hitlers fragt Erika Mann als Skilehrerin (in einem Sketch ihres Bruders): »Aber Herr Propagandaminister, wer wird denn gleich weinen, – was ist so ein kleiner Sturz, – wie werden Sie erst schluchzen, wenn Ihre Regierung gestürzt ...?« Zur gleichen Zeit hält Hitler seine Antrittsrede im Hofbräuhaus, Wand an Wand mit der ›Bonbonniere‹, in der die ›Pfeffermühle‹ spielt! Ein Großteil des Ensembles flüchtet im März aus München und trifft sich wieder in Zürich, um dort am 1. Oktober 1933 im Hotel ›Hirschen‹ neu zu eröffnen. Im ersten Emigrationsprogramm singt die Giehse das hier ausgewählte Lied von der *Frau X;* in seiner nüchternen Art, aber auch in seinem literarisch nicht ganz geschickten, sendungsbewußten Perspektivwechsel ein exemplarisches Beispiel für Erika Manns Kabarettlyrik.

Aus Emigrantenkreisen regnet es Lob: »Sie machen zehnmal mehr gegen die Barbarei als wir alle Schriftsteller zusammen«, meint Joseph Roth aus dem Pariser Exil, und Edwin Arnet schreibt in seiner Premierenkritik in der ›Neuen Zürcher Zeitung‹: »Dies ist Zeitkabarett, politisches Kabarett, Menschenkabarett. Zotenfrei, kalauerfrei (...) Es gibt gelegentlich literarische Kabaretts, die, wenn sie ihre politischen Kröpfe leeren, Galle speien, dies aber ist traurig-schönes, singendes, geistwarmes Überbrettl.« Die bis zur Charakterlosigkeit verkommende Schweizer Neutralitätssucht, die hier bereits anklingt, wird bald zur ernsthaften Bedrohung für die ›Pfeffermühle‹. Nachdem im Herbst 1934 Angehörige der Schweizer Nazi-Partei ›Die Frontisten‹ während einer Vorstellung Stinkbomben werfen und randalieren, erläßt der Kanton Zürich (auch auf Druck der deutschen Botschaft) die sogenannte »Lex Pfeffermühle«, die es Ausländern generell verbietet, mit politischen Texten aufzutreten. Andere Kantone schließen sich an, so daß die Arbeit für das Ensemble immer schwieriger wird. Man rettet sich mit einer Tournee durch die Niederlande, Belgien, Luxemburg und die Tschechoslowakei (in der Schweiz hält das erste, von der ›Pfeffermühle‹ inspirierte Schweizer Unternehmen, das ›Cabaret Cornichon‹, die Fahne des literarisch-politischen Kabaretts hoch). Ein letzter Versuch, im Januar 1937 die ›Peppermill‹ in den USA zu etablieren, scheitert unter anderem am Desinteresse der Amerikaner für das europäische Problem und an der Traditionslosigkeit der literarischen Kabarettform in der amerikanischen Kultur (Gründe, die auch für das Scheitern von Friedrich Hollaenders Kabarett ›Tingel-Tangel‹ in Los Angeles verantwortlich waren). Einen Monat später, nach 1034 Vorstellungen in insgesamt sieben Ländern, gibt das erste Emigrantenkabarett auf. 1967 resümiert Erika Mann: »Sinn und Zweck unserer kabarettistischen Existenz war der antifaschistische Kampf, der Kampf überdies gegen die moralische Stumpfheit der Welt, die Trägheit des Herzens, dem wir eine sehr große Anzahl neuer Streiter gewonnen haben.«

Egon Larsen: Die Kosmopolitin (Die Zwanzigjährige)

Je connais tout le quartier
Et au Montmartre les cabarets.
La vie est belle quand on est riche.
Mais comme une réfugiée – je m'enfiche.
In Kuba ließ man uns nicht landen.
In Spanien fühlt' ich mich zuhaus.
Mich fischte, als die Mine krachte,
Ein netter Matrose heraus!
Ich kenn' die Welt. Sie läßt mich kalt.
Ich bin schon ganze zwanzig Jahre alt.

Shanghai was raided by the Japs.
I saw our boarding-house collapse.
In Hollywood, without a cent,
I couldn't even pay the rent.
In Rio ein Herr wollt' mich haben –
Ich glaub', als seine Frau sogar.
Ich dachte an Hans nur in Deutschland,
Und ob er auch draußen schon war.
Ich kenn' die Welt. Sie läßt mich kalt.
Ich bin schon ganze zwanzig Jahre alt.

Vom Reisen träumt' ich als Kind,
Von Abenteuern, Seefahrt und Wind.
Jetzt ist's ein Haus, von dem ich oft träum',
Und eine Stadt, die heißt Daheim.
Ich möcht' sie einmal wiedersehen
Und hör'n, wie man deutsch spricht zuhaus.
Ich könnt' dort die Menschen verstehen,
Ist alles dies erst einmal aus.
Ich kenn' die Welt. Sie ist so kalt.
Ich bin schon ganze zwanzig Jahre alt.

Das europäische Land, das die meisten (nämlich etwa 400) emigrierten Kunst- und Kulturschaffenden nach 1933 beherbergt, ist Großbritannien. Anfangs in seiner abwartenden Appeasement-Politik jeglichen Asylanten gegenüber noch negativ eingestellt, ändert sich die Haltung der britischen Regierung spätestens mit Beginn des Zweiten Weltkrieges 1939. Zu dieser Zeit zählt man insgesamt über 70 000 Emigranten in England, für viele nur Durchgangsstation auf ihrer Flucht in die USA oder nach Palästina. Doch empfiehlt sich das Land auch durch seinen Inselstatus, der die Abschiebung mißliebiger Flüchtlinge erschwert (wenngleich es auch hier zu kurzzeitigen Masseninternierungen kommt). Mischa Spoliansky (siehe Seite 48) zum Beispiel findet hier sein Exil für die nächsten 50 Jahre und kann seine Karriere vor allem als Filmkomponist fortsetzen. Er gehört zu den Mitbegründern des ›Freien Deutschen Kulturbunds‹ im Dezember 1938, der das kulturelle Leben der Emigranten in London organisiert. Dazu gehört natürlich auch ein Kabarettensemble, die ›4&20 black sheep‹ (›24 Schwarze Schafe‹), die im Juli 1939 erstmals auftreten, unter anderem mit Annemarie Hase und Agnes Bernelle (*1923, der Tochter von Rudolf Bernauer, der 1901 das Kabarett ›Böse Buben‹ in Berlin gegründet hatte). Das Programm ist zweisprachig nach dem Motto: »We play in English – jeder Deutsche versteht uns. Wir spielen in Deutsch – but every Englishman understands«. Das Rezept geht auf; der Schriftsteller Egon Larsen (eigentlich Egon Lehrburger, 1904–1990) berichtet: »Die Geschichte der deutschsprachigen Bühnen in London ist ein Ruhmesblatt vor allem für das englische Gastvolk (und nicht zuletzt für die britischen Behörden).« Auch wenn diese, diplomatische Verwicklungen fürchtend, dem Darsteller einer Hitler-Parodie Schnurrbart und Haartolle verbieten … Nach diversen Unwägbarkeiten formiert sich das Ensemble um und eröffnet nun als ›Kleine Bühne‹ im eigenen Haus in London-Hampstead am 24. März 1940. Auf nur sechs Quadratmetern spielt man Theaterstücke von Aristophanes bis Brecht und sogar kleine Opern. Kabarettrevuen nehmen einen großen Raum des Spielplans ein. Zu bedenken ist dabei, daß keiner der Mitwirkenden kaum mehr als die Fahrtkosten von den anteilig aufgeteilten Einnahmen bestreiten kann. »Es gehörte ein gutes Teil Kunstbegeisterung dazu«, schreibt Larsen, »nach einem Tag in einer kalten Fabrik, einem ungeheizten Zimmer (...) durch die verdunkelten, feuchten, nebligen Straßen Hampsteads zu eilen, um rechtzeitig in der primitiven, bis auf den letzten Winkel überfüllten Schauspielergarderobe einzutreffen. Aber es ist nicht zuviel gesagt, wenn man rückschauend behauptet, daß dieser Westentaschen-Theaterbetrieb für manchen unserer Freunde in jenem endlosen Kriegswinter der eigentliche Lebensinhalt war.« Die ›Kleine Bühne‹ existiert bis 1946. Das hier abgedruckte, von Allan Gray (eigentlich Josef Zimgrod, 1902–1973) vertonte Chanson wird von der Bernelle 1940 in der Revue ›Was bringt die Zeitung‹ gesungen.

Erwähnung finden muß hier aber auch der »Deutsche Dienst« des englischen Radiosenders BBC, der seit 1938 bestand und 1943 schließlich 33 Stunden in der Woche sendete. In ihm wurden – von der Nazi-Presse unterdrückte oder verfälscht wiedergegebene – Nachrichten verbreitet, Reden auswärtiger Politiker in deutscher Sprache verlesen sowie prominenten Emigranten ein Forum geboten (so etwa Thomas Mann, der sich zwischen 1940 und 1945 rund 60mal mit Kommentaren an die deutschen Hörer wandte). Aufgelockert wird das offiziöse Programm von kabarettistischen Beiträgen, die in satirischer Form die Entwicklungen in Nazi-Deutschland kommentieren. So etwa in Robert Lucas' ›Briefen des Gefreiten Adolf Hirnschal an seine Frau in Zwieseldorf‹ (gesprochen von Fritz Schrecker) oder in Bruno Adlers Serien ›Frau Wernicke‹ (Annemarie Hase) und ›Kurt und Willi‹ (Peter Ihle/Fritz Wendhausen). Musikalischen Anreiz bieten die seit 1935 in Deutschland verbotene Jazz- und Swingmusik, wie auch die bekannte Schauspielerin Lucie Mannheim mit propagandistischen Texten auf bekannte Lieder. Die – trotz Störsendern – auf jedem »Volksempfänger« gut zu hörenden Sendungen werden von den Nazis gefürchtet. Sie erlassen mit Kriegsbeginn ein generelles Abhörverbot für ausländische Sender, und »Rundfunkverbrecher« sahen sich mit Zuchthaus bis zu acht Jahren, KZ und sogar der Todesstrafe bedroht. Allein die Statistik des Jahres 1942 weist 985 offizielle Verurteilungen auf.

Lesen und an die Kameraden weitergeben!

ERICH WEINERT:

Der Führer

Deutsches Volkslied

Manch gekrönter Abenteurer
Hat in Deutschland schon regiert,
Manche polternden Erneurer
Haben uns schon angeführt.
Viel war nie davon zu halten;
Doch man konnt es noch verstehn.
Diese, auch als Staatsgewalten,
Waren immerhin Gestalten.
Aber ausgerechnet d e n ?

Wär nun in der Zeit der Krise
Irgendeiner aufgetaucht,
Ein Prophet, ein Kerl, ein Riese,
Wie die rauhe Zeit ihn braucht,
Gleich als Tempelstürmer kenntlich,
Als Rebell, als Phänomen,
Wo die Menge ruft: na endlich!,
Alles wäre noch verständlich.
Aber ausgerechnet d e n ?

Diesen Hindenburgumschwänzler,
Diesen tristen Hampelmann,
Diesen faden Temperenzler,
Ders nicht mal mit Weibern kann,
Diesen Selterwassergötzen,
Dies Friseurmodell auf schön,
Davon laßt ihr euch beschwätzen?
Und man fragt sich mit Entsetzen:
Aber ausgerechnet d e n ?

Später einmal unsre Kinder
Sehn ihn im Panoptikum.
Um den ausgestopften Schinder
Stehn sie dann verwundert rum.
Und sie werden von euch sagen:
Alles könnte man verstehn,
Was das Volk in frühern Tagen
An Gestalten schon ertragen...
Aber ausgerechnet d e n ?

PASSIERSCHEIN

Jeder deutsche Soldat ist berechtigt, mit diesem Passierschein die Front zu überschreiten und sich den Russen gefangenzugeben. Jeder Angehörige der Roten Armee und jeder Sowjetbürger ist verpflichtet, ihn in den nächstgelegenen Stab der Roten Armee zu führen.

Das Kommando der Roten Armee garantiert dem Kriegsgefangenen das Leben, gute Behandlung und die Heimkehr nach dem Kriege.

ПРОПУСК

Каждый немецкий солдат имеет право с этим пропуском переходить через фронт в плен к русским. Каждый воин Красной Армии и советский гражданин обязан сопроводить его в ближайший штаб Красной Армии.

Командование Красной Армии гарантирует пленному жизнь, хорошее обхождение и возвращение на родину после войны.

1379

Erich Weinert (1890–1953) war einer der führenden Autoren des deutschen linken Kabaretts. 1921 fängt er bei der ›Retorte‹ in Leipzig an, dem einzigen wichtigen Kabarettunternehmen außerhalb Berlins. Er avanciert zum Hausautor und trägt selbst unter dem Motto ›Der verbogene Zeitspiegel‹ seine satirischen Glossen vor. 1925 geht er nach Berlin an Rosa Valettis ›Rampe‹ und an das Dichterkabarett ›Küka‹, dessen Besitzer, ein ehemaliger Major, ihm nach dem Vortrag seines Textes *Der Kriegerverein feiert Denkmalweihe* Hausverbot erteilt. Max Hermann-Neisse schreibt in dieser Zeit über ihn: »Seine stärksten Treffer sind für mich jene prächtig rüd formulierten Bänkelgesänge, voll wirklich populärer, bösartig geißelnder Drastik (...) Und alles ist tatsächlich so auf den sofortigen Effekt, auf Knall und Fall, Tribüne und Tusch gestellt, daß es bei Massenmeetings gesprochen werden muß – am besten eben von Erich Weinert selbst.« So nimmt es denn nicht wunder, daß Weinert bald ein wichtiger Autor für die sogenannten Agitprop-Gruppen wird. Zusammengesetzt aus den Worten »Agitation« und »Propaganda«, versteht man darunter Gruppen, die in Laienspielmanier politische Aufklärungsarbeit leisten – von Arbeitern für Arbeiter. Meist der Kommunistischen Partei Deutschlands eng verbunden, agieren bis 1933 rund 200 dieser Gruppen im ganzen Reichsgebiet. Vorwiegend treten sie auf politischen Massenveranstaltungen oder der Straße auf. Namhafte Künstler wie der Regisseur Erwin Piscator und der Komponist Hanns Eisler arbeiten mit den Agitprop-Gruppen zusammen; und auch Weinert verlegt seinen Wirkungskreis vom Kabarett, das für ihn nur noch »pseudoradikal« ist, hin zu kommunistischen Versammlungen und Zeitungen. 1929 wird er Mitglied der KPD. 1935 übersiedelt er schließlich nach Moskau, nimmt am Spanischen Bürgerkrieg teil und kehrt 1939 in die Sowjetunion zurück. Das *Führer*-Spottgedicht wird erstmals 1942 von Weinert im Moskauer Rundfunk verlesen, später dann in einer Eisler-Vertonung von Ernst Busch gesungen. Es findet aber vor allem Verbreitung als Flugblatt, das über deutschen Truppen abgeworfen wird und die Aufforderung zur freiwilligen Gefangennahme enthält (siehe Faksimile Seite 111).

Ilse Weber: Ein Koffer spricht

Ich bin ein kleiner Koffer aus Frankfurt am Main,
Und ich such' meinen Herrn, wo mag er nur sein?
Er trug einen Stern und war alt und blind,
Und er hielt mich gut, als wär ich sein Kind.
Seinen Reisekameraden hat er mich oft genannt,
Ich fühle noch seine behutsame Hand.

Ich bin aus echtem Vulkanfiber, man kann es noch lesen,
Und bin früher blank und sauber gewesen.
Ich hab meinen Herrn begleitet jahraus und jahrein,
Auch diesmal ging ich mit ihm, jetzt ist er allein.
Er war alt und blind, wohin ist er gekommen?
Und weshalb hat man mich ihm fortgenommen?
Warum bin ich auf dem Kasernenhof geblieben?
Sein Name steht doch auf meinem Kleid geschrieben?

Nun bin ich schmutzig, mein Schloß hält nicht mehr.
Man hat mich geplündert, ich bin fast leer.
Nur ein Tuch ist noch da, ein Becherl dabei
Und seine kleine Blindentafel aus Blei.
Sonst ist alles fort, die Arzneien, das Brot,
Er sucht mich gewiß, vielleicht leidet er Not.
Es muß schwer sein für einen Blinden,
Mich in diesem Stapel von Koffern zu finden.

Ich kann es auch so schwer verstehen,
Weshalb wir hier nutzlos zugrunde gehen.
Ich bin ein kleiner Koffer aus Frankfurt am Main,
Ich möcht' zu meinem Herrn, er ist so allein.

Eines der unglaublichsten Kapitel der Unterhaltungsgeschichte ist das der Kabaretts in Internierungslagern, Ghettos und KZs. Was die einen mit der Eitelkeit des Schauspielers, der auch noch von seinen Mördern geliebt werden möchte, erklären, ist den andern ein monumentaler Ausdruck für den unbändigen Lebenswillen des Menschen, der sich auch (und gerade) noch im Angesicht des Todes Bahn bricht. Vielleicht liegt die Wahrheit in der Einfachheit des Zitats einer Überlebenden: »Wenn man singt, spürt man keinen Hunger.«

Tatsache ist, daß in vielen Lagern hervorragendes Kabarett und Unterhaltung mit spärlichsten Mitteln auf die Beine gestellt wurden: Ob in Dachau oder Sachsenhausen, Buchenwald oder Börgermoor, Mauthausen, Esterwegen oder Wilna, Villemalard, Gurs oder Le Vernet, in Westerbork oder Theresienstadt – überall sammeln sich die gefangenen Kräfte und bäumen sich, meist zum letzten Mal, gegen ihre Unterdrücker auf: mit satirischer Kritik zwischen den Zeilen oder einfach nur durch ihr Lachen, das dem Wachpersonal oft unfaßbar erscheint. Natürlich gibt es auch hier verordnetes Amüsement: Der Lagerkommandant von Auschwitz-Birkenau rühmt sich seines Mädchenorchesters, das Wiener Melodien spielen muß, wenn die ausgesonderten Mitgefangenen ins Gas gehen.

Oder das Durchgangslager Westerbork in den Niederlanden, dessen kabarettbegeisterter SS-Kommandant Gemmeker aus den Brettern einer geplünderten Synagoge eine Bühne bauen läßt, auf der – neben inhaftierten niederländischen Kabarettgrößen – jüdische Stars der Weimarer Zeit wie der Conferencier Max Ehrlich (1892–1944), der Entertainer Willy Rosen (1894–1944) und die Schauspieler Kurt Gerron (siehe Seite 117f.) und Camilla Spira (1906–1997) Revuen aufführen. Melodien aus dem ›Weißen Rößl‹ erklingen da oder auch neu Getextetes: »Wenn man kein Glück hat / Dann hat das Leben keinen Sinn / Wenn man kein Glück hat / Dann rutscht man aus und fällt man hin / Drum bitt ich dich, Fortuna, bleib mir treu / Unberufen, unberufen toi-toi-toi!« Auf ihrem Höhepunkt zählt die Westerbork-Gruppe 51 Mitwirkende, einschließlich einem Orchester, Tänzern, Choreographen, Statisterie,

Bühnen- und Kostümbildnern, Schneidern, Maskenbildnern und Bühnentechnikern. Laut zeitgenössischen Aussagen wurde in diesem Lager damals das beste Kabarett in Europa geboten.

Das Publikum: Der Lagerkommandant und seine Gäste sowie das Wachpersonal (dem es zwar erlaubt war zu lachen, nicht aber zu klatschen); hinter ihnen saßen die Juden und anderen Verfolgten, die am nächsten Tag in Viehwaggons auf Todestransport nach Theresienstadt und Auschwitz gingen. »Und die Leute – die haben gelacht, geklatscht –! Es war so, als wären wir hier in Berlin am Kurfürstendamm und würden auftreten. Wir waren ganz woanders plötzlich« (Camilla Spira, 1991).

Für die einen ein Spiel ums Überleben, für die anderen ein gezielt eingesetztes Ablenkungsmanöver und eine infame Motivation der erschöpften Arbeitskraft der ausgebeuteten Häftlinge.

Einige Dokumente dieser unglaublichen Geschehnisse sind erhalten geblieben: Aus Westerbork existieren ein stummer Film, ein Skizzenbuch und sogar Schellackaufnahmen. Andernorts haben von Häftlingen liebevoll handgeschriebene und verzierte Liedblätter überdauert (am bedeutendsten das Sachsenhäuser ›Lagerliederbuch‹ von 1942 mit seinen 188 Texten). Und natürlich die Erinnerungen der Überlebenden (so die bewegenden Fernsehinterviews der Camilla Spira oder die Memoiren der Auschwitz-Sängerin Fania Fénelon).

Das für dieses Buch ausgesuchte Gedicht stammt aus dem Theresienstädter Ghetto, geschrieben von der im tschechischen Witkowitz aufgewachsenen deutschen Dichterin Ilse Weber (1903–1944). Es wurde nach ihrem Tode mehrfach vertont, unter anderem vom Piaf-Komponisten Norbert Glanzberg (1910–2001).

Leo Strauß: Als ob

Ich kenn ein kleines Städtchen, ein Städtchen ganz tiptop.
Ich nenn es nicht beim Namen, ich nenns die Stadt Als-ob.

Nicht alle Leute dürfen in diese Stadt hinein,
Es müssen Auserwählte der Als-ob-Rasse sein.

Die leben dort ihr Leben, als obs ein Leben wär,
Und freun sich mit Gerüchten, als obs die Wahrheit wär.

Die Menschen auf den Straßen, die laufen im Galopp –
Wenn man auch nichts zu tun hat, tut man doch so als ob.

Es gibt auch ein Kaffeehaus gleich dem Café de l'Europe,
Und bei Musikbegleitung fühlt man sich dort als ob.

Und mancher ist mit manchem auch manchmal ziemlich grob –
Daheim war er kein Großer, hier macht er so als ob.

Des Morgens und des Abends trinkt man Als-ob-Kaffee,
Am Samstag, ja am Samstag, da gibt's Als-ob-Haché.

Man stellt sich an um Suppe, als ob da etwas drin,
Und man genießt die Dorsche als Als-ob-Vitamin.

Man legt sich auf den Boden, als ob das wär ein Bett,
Und denkt an seine Lieben, als ob man Nachricht hätt.

Man trägt das schwere Schicksal, als ob es nicht so schwer,
Und spricht von schönrer Zukunft, als obs schon morgen wär.

Das Lager mit dem vielfältigsten Kulturleben hinter dem Stacheldraht war Theresienstadt. Das nordböhmische ehemalige Garnisonsstädtchen mit 7000 Einwohnern wird 1942 unter dem »Reichsprotektor von Böhmen und Mähren« Reinhard Heydrich von der tschechischen Zivilbevölkerung zwangsgeräumt und mit der seit 1939 als KZ genutzten benachbarten »Kleinen Festung« zusammengelegt. So entsteht das »Ghetto« genannte Durchgangslager für Transporte in die Vernichtungslager, in dem zeitweise bis zu 60 000 Menschen unter in jeder Beziehung katastrophalen Umständen zusammenleben müssen.

Theresienstadt dient den Nazis als perfides Ablenkungsmanöver. Einerseits benutzen sie es dazu, die wenigen, noch in Deutschland verbliebenen Juden mittels »Heimeinkaufverträgen« hinauszulocken: Durch Überschreibung ihres gesamten Vermögens an das Reich erkaufen sich die »Abwandernden« Verträge mit dem »Altersghetto Theresienbad«. Andererseits müssen die sich in der ausländischen Presse mehrenden Berichte über Vernichtungslager entkräftet werden; Dänemark wie das Internationale Rote Kreuz bestehen auf einer Lagerbesichtigung. So beschließt die SS Ende 1943, mittels einer »Stadtverschönerung« Theresienstadt für kurze Zeit zum Vorzeigelager umzufunktionieren. Unter anderem erhalten die Häuser pastellfarbene Anstriche, Parks mit Kinder- und Musikpavillons werden angelegt, ein Kaffeehaus wird eingerichtet. Besonderen Wert legt die Gestapo auf ein reichhaltiges kulturelles Angebot. War den Häftlingen anfangs noch jegliche Zusammenkunft untersagt, wird ab 1941 die Durchführung von »Kameradschaftsabenden« zur Beruhigung der Inhaftierten bewilligt. Die ersten Kabaretts entstehen, in tschechischer wie in deutscher Sprache. Ab 1942 wird dann eine »Verwaltung für Freizeitgestaltung« eingerichtet, die minutiös das kulturelle Leben im Lager plant. Daß diese wie auch andere Verwaltungen in jüdische Hand gegeben werden, ist eine der vielen Nazi-Perfidien, die aus den Opfern Mittäter machen.

Eines der tragischsten Schicksale ist dabei sicher das des populären jüdischen Entertainers Kurt Gerron (1897–1944), der im Auftrag der SS einen Propagandafilm über das verschönte Lager dreht.

Die Häftlinge nennen den schlicht ›Theresienstadt‹ betitelten Film bald ›Der Führer schenkt den Juden eine Stadt‹, was seinem Charakter auch besser entspricht. Der in Fragmenten erhaltene Film zeigt badende Mädchen und butterbrotessende Kinder (die sonst wie alle von einer dünnen Suppe und 350 Gramm Brot am Tag leben müssen), Fußballturniere und Symphoniekonzerte – die gespenstische Schizophrenie des Vorzeigelagers, von der sich die verschiedensten internationalen Abordnungen auch tatsächlich täuschen lassen, wird hier erahnbar. Gerron hatte 1944 sofort nach seiner Einlieferung das professionellste der Theresienstädter Kabaretts, das ›Karussell‹, gegründet. Zu seinen Textlieferanten gehört der Sohn des Komponisten Oscar Straus, Leo (1897–1944), der das hier abgedruckte, im Lager populärste Chanson schrieb. Dem »Als ob« erliegt auch der Profi Gerron: »Gerron benahm sich, als ob er Regisseur in einem großen Ufa-Studio wäre (...) und hatte vergessen, daß er im KZ war und was für einen Film er drehte«, erinnert sich die Überlebende Nava Shan. Hatten Gerron und der ihn unterstützende jüdische Ältestenrat lange Zeit geglaubt, durch die ausgedehnten Dreharbeiten allen Beteiligten das Verweilen und Überleben in Theresienstadt garantieren zu können, holte sie die grausige Realität mit Beendigung der Aufnahmen ein. Am 28. September 1944 beginnen wieder die Transporte: Über 18 000 Zeugen des Spuks werden vergast, darunter auch Kurt Gerron und seine Frau Olga.

Kurt Gerron als Direktor des Theresienstädter Kabaretts ›Karussell‹ (1944)

Just Scheu: Der Fragebogen

Ich bin fragebogenkrank, ich bin fragebogenkrank,
Kennen Sie das fürchterliche Leiden?
In meinem Fragebogen stimmt zwar ziemlich alles – gottseidank,
Und das will schon heutzutage was bedeuten.
Aber trotzdem werde ich den Tick nicht los,
Was mach ich bloß? Was mach ich bloß?
Ich seh nur Zahlen: eins bis hunderteinunddreißig,
Hab ich auch alles richtig ausgefüllt – was weiß ich?
Ich träume jede Nacht, ich wär in etwas drin gewesen,
Dann schreck ich zitternd und mit Schweiß bedeckt empor.
Ich träume jede Nacht, ich wär doch in was reingetreten,
Daß grade ich kein Nazi sein soll, kommt mir komisch vor.
Vielleicht hat man mich mal heimlich in was reingeschoben,
Es wär ja denkbar bei dem Schwindel und dem Druck von oben.
Ich hab den Arzt gefragt. Er sagt, daß er nicht helfen kann:
Ich hätt den NSDAP-Verfolgungswahn.

Ich bin fragebogenkrank, sehr schwer fragebogenkrank,
Manchmal geht mein Leiden auch noch weiter.
Zum Beispiel neulich hatt' ich meinen zwölften Bogen ausgefüllt,
Und das stimmte mich mal wieder etwas heiter.
Doch auf einmal plötzlich mitten in der Nacht ging's los,
Was mach ich bloß? Was mach ich bloß?
Ich weiß genau, im Grund ist alles Nervenschwäche,
Und doch mir war's, als ob selbst mein Weib schon zu mir
spräche:
»Ich träume jede Nacht, du wärst in etwas dringewesen,
Sag mir die Wahrheit, Nazi, es ist alles aus.
Ich merk's die ganze Zeit an deinem schuldbewußten Wesen,
Verlaß sofort mein Bett und dieses Demokratenhaus!«
Sehn Sie, so rächt sich's, daß ich niemals etwas beigetreten,
Wär ich doch 33 gleich in die Partei getreten,
Dann hätt ich endlich meine Ruhe, denn als Aktivist,
Da weiß man wenigstens, daß man entlastet ist.

Am 1. September 1944 waren im Reich alle Spielstätten geschlossen worden – auch Künstler mußten nun an den Fließbändern der Rüstungsindustrie ihren Beitrag zum »totalen Krieg« leisten. Am 9. Mai 1945 kapituliert dann endlich die Deutsche Wehrmacht, nachdem sich Hitler am 30. April das Leben genommen hatte; Goebbels war ihm mit seiner gesamten Familie einen Tag später gefolgt.

Die Befreiung durch die Alliierten ist ebenso eine Befreiung für die deutsche Unterhaltungskultur vom zwölf Jahre lang verordneten Maulkorb. Über 1000 Anträge auf eine Kabarettkonzession gehen bei den alliierten Behörden ein. Zu den ersten gehören das wiedereröffnete ›Kadeko‹ in Berlin (mit dem auch diesen politischen Wechsel weglächelnden Direktor Schaeffers), die ›Schaubude‹ in München, das Reisekabarett ›Die Hinterbliebenen‹ aus Bad Reichenhall und die ›Bonbonniere‹ in Hamburg; sie alle spielen, wo immer die Trümmer es zulassen.

Doch bald wird klar, daß der Schrecken der Nazi-Zeit und seiner Folgen oft noch zu groß ist, um ihn sofort in Worte fassen zu können. Die ersten Kabarettprogramme des Jahres 1945 bringen alte Texte der verbotenen und fast vergessenen Autoren der Weimarer Zeit einem ausgehungerten Publikum dar, das betroffen den nicht gehörten Warnungen vor dem Faschismus lauscht. Auch Klassiker werden rezitiert, Musik von Weill bis Rimskij-Korsakow gespielt. Ab 1946 aber wird es zeitkritisch: Das Chanson vom *Fragebogen*, vom Autor Just Scheu (1903–1956) in verschiedenen Frankfurter Kleinkunst-Cafés und im Rundfunk 1947 zu eigener Melodie vorgetragen, ist eines der unterhaltsamsten Beispiele dafür.

Im Potsdamer Abkommen (2. August 1945) hatten sich die Alliierten auf eine tiefgreifende »Entnazifizierung« des deutschen Volkes geeinigt. Die Amerikaner setzen dies um mit der Ausgabe von Fragebögen an politisch Verdächtige, die in 131 Punkten Auskunft über ihre persönliche Vergangenheit unter den Nazis geben müssen. Die Bögen sind Grundlage für das sich anschließende Verfahren vor einer Spruchkammer, die den Beklagten in eine von fünf Kategorien (Hauptschuldiger, Belasteter, Minderbelasteter, Mitläufer, Entlasteter) einordnet und damit über seine Zukunft im befreiten Deutschland entscheidet – oder zumindest entscheiden soll.

Doch bereits im ersten Kabinett der jungen Regierung Adenauer sitzen 1949 eindeutig Vorbelastete (zum Beispiel Staatssekretär Hans Globke, der 1936 einen mehr als linientreuen Kommentar zur NS-Rassengesetzgebung geschrieben hatte), und ebenso in der deutschen Wirtschaft sieht man viele große und kleine Parteibonzen schnell wieder zu Ehren und Geld kommen.

Auch im Kulturbereich überleben die meisten unbeschadet: Die Komikerin Ida Wüst (1884–1958) etwa, der Tucholsky 1929 noch sein *Chanson für eine Frankfurterin* gewidmet hatte, wurde ab 1933 zu einer der gefürchtetsten Denunziantinnen (ihren Kollegen Paul Dahlke zeigte sie etwa wegen Besitzes einer Postkarte des als »entartet« eingestuften Künstlers Paul Klee an). Nach vier Jahren Berufsverbot beschäftigt sie der deutsche Nachkriegsfilm wie eh und je als »komische Alte«, ebenso wie er den Regisseur der schlimmsten NS-Propaganda- und Durchhaltefilme, Veit Harlan (1899–1964), wieder inszenieren läßt.

Auch der Autor des *Fragebogen*-Chansons ist nicht ganz unbelastet. Noch ein paar Jahre zuvor hatte er muntere Soldatenlieder geschrieben (von denen sich das populäre *Wir lagen vor Madagaskar* später im Liederbuch der Bundeswehr wiederfinden sollte).

Der bis heute am heftigsten diskutierte Fall ist der des Schauspielers Gustaf Gründgens (1899–1963), der unter den Nazis eine beispiellose Karriere macht, bereits 1946 aber wieder seinen Beruf ausüben darf. Unter anderem hatte Ernst Busch für ihn positiv ausgesagt (siehe Seite 78), ihm einen »Persilschein« ausgestellt. Diese Bezeichnung für eine eidesstattliche Erklärung, die dem Angeklagten eine untadelige politische oder christliche Lebensführung attestiert, wird bald zum geflügelten Wort für moralisches Schiebertum, das die Verfahren oft ins Lächerliche zieht. Doch wurden allein in den Westzonen über 6 Millionen Entnazifizierungsbögen bearbeitet. Die ausführlichste (und einträglichste) Beantwortung des Fragebogens sollte der Schriftsteller und Kapp-Putschist Ernst von Salomon vornehmen: Auf 679 Seiten gelingt ihm 1951 unter dem Titel ›Der Fragebogen‹ einer der ersten deutschen Nachkriegsbestseller.

Erich Kästner: Das Lied vom Warten

Zwei Jahre sind es jetzt im Mai,
Da war der Totentanz vorbei,
Da starb das große Sterben.
Wir traten vor das halbe Haus
Und sahen nur: Der Krieg war aus.
Und standen in den Scherben.

Doch auf dem Rest vom Kirchturm sang
Die Amsel voller Überschwang,
Und der Flieder, der blühte im Garten.
Die Bäume rauschten bis ins Blut.
Die Hoffnung sprach: Es werde gut!
Geduld, mein Herz, Geduld, mein Herz.
Dein bißchen Glück muß warten!

Zwei Jahre werden es im Mai.
Mein Mann, der ist gefangen.
Er ist gefangen, ich bin frei.
Die Hoffnung ging an uns vorbei.
Die Hoffnung ist vergangen.

Schaut her, Kameraden meines Mannes.
Wer kann Auskunft geben
Über den Gefreiten Hans Maier,
Maier mit a i,
Wer kann Auskunft geben über meinen Hans?
Bitte, kommt näher, und lest das Schild.
Ich habe es selber gemalt, und unten rechts
Das ist er, das ist sein letztes Bild!
War jemand mit ihm im Lager? Wo kommt ihr her?
Aus Rußland? Aus Frankreich? Erkennt ihn wer?
Er ist mein Mann, und ich brauch ihn so sehr.
Lacht mich nicht aus,
Oder meinetwegen lacht hinter mir her!

Ich steh und wart,
Daß sich das Schicksal meiner erbarme.
Schickt ihn doch heim.
Schickt ihn doch endlich heim in meine Arme!

Die gleiche bleiche Wartequal
Hockt wie ein Geier überall
Und hält uns in den Klauen.
Im Dunst der Stadt, im fernsten Tal, –
Ganz Deutschland ist ein Wartesaal
Mit Millionen Frauen.

Die Amsel schluchzt, die Blumen blühn,
Das Korn wird gelb, die Stare ziehn,
Und der Winter rupft Federn im Garten.
Ein Mond wird schmal, ein andrer naht,
Und rings ums Herz starrt Stacheldraht.
Geduld, mein Herz! Geduld, mein Schmerz!
Wir leben nicht, – wir warten!

Wir warten stumm,
Daß sich das Schicksal unserer erbarme.
Schickt sie doch heim.
Schickt sie doch endlich heim in unsre Arme!

Seht das Schild! Kameraden, schaut es an!
Wer kann Auskunft geben über fünf Millionen Mann?

Einer der Hausautoren der frischgegründeten Münchener ›Schaubude‹ ist Erich Kästner (1899–1974). Bereits mit seinem ersten Gedichtband ›Herz auf Taille‹ (1928) ist er zum populären Autor der Neuen Sachlichkeit geworden (siehe Seite 88ff.). So bezeichnet er seine Gedichte folgerichtig als »Gebrauchslyrik«. Und bemängelt Tucholsky in seinen Kritiken auch Kästners »Angst vor dem Gefühl«, so erkennt er in ihm doch den Vertreter einer neuen

Generation: »So einer verdient Förderung, Ei-Ei und Weitermachen«. Das Kabarett entdeckt den jungen Star-Autor schnell: Trude Hesterberg und Kate Kühl lassen sich von ihm Chansons maßschneidern, Blandine Ebinger rezitiert seine Texte. Auch trägt er selbst, in seiner ruhigen sächsischen Sprechweise, seine Gedichte im ›Küka‹ vor. Bis 1933 folgen unter anderem drei weitere Lyrikbände, ›Emil und die Detektive‹ und diverse andere Kinderbücher (die auch im Film und auf der Bühne erfolgreich sind) sowie der Roman ›Fabian. Die Geschichte eines Moralisten‹.

Aufgrund seiner scharfzüngigen und klarsichtigen Warnungen vor der erstarkenden Rechten in Deutschland gehört Kästner am 10. Mai 1933 zu den namentlich erwähnten verbrannten Dichtern. Ausgerechnet ihm, dem großen Moralisten der deutschen Literatur, der sich bei den Themen Erotik und lustvolle Körperlichkeit stellenweise ins unerträglich Moralinsaure-Hysterische versteigt, läßt man den »Feuerspruch« zuteil werden: »Gegen Dekadenz und moralischen Verfall! Für Zucht und Sitte in Familie und Staat! Ich übergebe der Flamme die Schriften von Heinrich Mann, Ernst Glaeser und Erich Kästner.« Er sieht in Berlin selbst diesem widerlichen Schauspiel zu und beschließt, in Deutschland auszuharren – einerseits aus offen zugegebener sentimentaler Heimatverbundenheit, andererseits aus einer selbstverordneten Chronistenpflicht heraus. Die Gestapo schikaniert ihn – er bleibt trotzdem. Er schreibt Unterhaltungsromane und Kinderbücher – auch wenn seine Bücher nur im Ausland publiziert werden dürfen: »Es ist ein merkwürdiges Gefühl, ein verbotener Schriftsteller zu sein und seine Bücher nie mehr in den Regalen und Schaufenstern der Buchläden zu sehen. In keiner Stadt des Vaterlands. Nicht einmal in der Heimatstadt. Nicht einmal zu Weihnachten, wenn die Deutschen durch die verschneiten Straßen eilen, um Geschenke zu besorgen. Zwölf Weihnachten lang! Man ist ein lebender Leichnam«, schreibt Kästner 1946. Seine Situation verschärft sich 1942 mit dem generell ausgesprochenen Schreib- und Publikationsverbot für In- und Ausland, als auffliegt, daß Kästner unter dem Pseudonym Berthold Bürger an einigen Drehbüchern der Ufa mitgeschrieben hat (unter anderem am erfolgreichen Ufa-Jubiläums- und Goebbels-

Prestigefilm ›Münchhausen‹). Seine Freunde bei der Ufa sind es auch, die ihm schließlich 1945 die Flucht aus dem umkämpften Berlin als Teilnehmer einer Filmexpedition nach Tirol ermöglichen. Kästner sucht sich nach Kriegsende sein neues Domizil in München, wo er für die ›Neue Zeitung‹ in geschliffenen Artikeln am demokratischen Wiederaufbau Deutschlands mitarbeitet. Mit der Gründung der ›Schaubude‹ (und später im Münchener Kabarett ›Die Kleine Freiheit‹) nimmt er auch wieder seine Tätigkeit als Chansontexter auf – sein sachlicher, aber sprachlich gereifter Stil erweist sich als ideal für die Beschreibung des ansonsten Unbeschreibbaren der deutschen Nachkriegswirklichkeit. Ein Stil, der ihn zum wahrhaftigen Mit-Leiden befähigt, den Vortragenden zu keiner falschen Sentimentalität zwingt – und bei dem sich der Zuhörer für das in ihm ausgelöste Gefühl nicht zu schämen braucht. Kästner wird zum Lehrmeister einer neuen Riege deutscher Kabarettautoren (etwa Martin Morlock, siehe Seite 127ff.) und gibt damit einen Teil der ansonsten von den Nazis nachhaltig zerstörten Tradition des literarisch-politischen Kabaretts weiter.

Seine ideale Diseuse findet Kästner in der Schauspielerin Ursula Herking (1912–1974). Nach ersten Gehversuchen in den Berliner Kabaretts der 30er Jahre spielt sie hauptsächlich in Theater und Film, bevor Kästner sie 1946 nach München holt. Mit dem für sie von Kästner geschriebenen *Marschlied 1945* und dem hier abgedruckten, von Edmund Nick vertonten Chanson, das sie im März 1947 in dem Schaubuden-Programm ›Vorwiegend heiter – leichte Niederschläge‹ kreiert, begründet sie ihren Ruf als »große, bewegende Zusammenbruchsdiseuse des deutschen Kabaretts« (Heinz Greul). Ihr Vortragsstil besticht durch eine kontrollierte Ruhe (von einigen dramatisch genau beherrschten Ausbrüchen durchsetzt), die die meist kontemplative Haltung der Texte unterstreicht, den Zuhörer zum Mitdenken einlädt. Da ihre Gesangsstimme nicht besonders flexibel und sicher ist, funktioniert sie ihre Chansons um zu auf Musik gesprochener Lyrik. Was hier noch bei der feinsinnigen Herking beeindruckt, verkommt bald zu einer Attitüde des »modernen« Chansonvortrags (die freilich hier wie da die Schönheiten einer durchdachten Vertonung vollkommen übergeht).

Der hier abgedruckte Text spiegelt eine Alltagssituation des Jahres 1947 wider: Auf den Bahnhöfen stehen unzählige Frauen mit selbstgemalten Plakaten um den Hals, die mit Fotografie, Name und Daten ihrer vermißten Männer und Söhne versehen sind. Zu diesem Zeitpunkt befinden sich noch rund 1 600 000 deutsche Kriegsgefangene in den Lagern der UdSSR, Englands, Frankreichs und des Mittleren Ostens. Erst 1955 kehren die letzten 10 000 aus Rußland zurück – in dem Jahr, in dem die ersten Einheiten der neugegründeten Bundeswehr in der BRD aus Freiwilligen zusammengestellt werden.

Ursula Herking (1947)

Martin Morlock: Frühjahrsmodelle

Chanson, über den Laufsteg zu singen

Was werden wir in diesem Frühjahr tragen?
Was wird in diesem Frühjahr letzter Schrei?
Nun, eines kann man mit Bestimmtheit sagen:
Viel Neues ist in diesem Frühjahr nicht dabei!

Wenn wir die Kreationen so betrachten,
Dann glauben wir, wir hätten uns verschaut.
Was sich die Modeschöpfer dabei dachten?
Sind die Modelle uns nicht sonderbar vertraut?

> Man trägt wieder Nationalismus,
> Zwar gedämpft, sehr dezent, doch pointiert!
> Man trägt wieder Nationalismus
> Aus Dummheit oder Snobismus
> Und mit Rückziehern modisch garniert.

Man schnürt sich wieder stramm in die Corsage,
Damit die Weltanschauung besser sitzt.
Die weich abfallende Zivilcourage
Wird diesmal als effektvoller Kontrast benützt.

Man trägt die Vorurteile wieder lose,
Die man noch gestern so geschickt verbarg,
Und stützt die abendländische Psychose,
Dafür betont man den Charakter nicht so stark.

Die Stiefel werden wieder etwas länger,
Die Schlappen werden zackig angereiht,
Die Veteranenbündchen schließt man enger,
Und auch den Horizont trägt man nicht mehr so weit.

Man trägt wieder Nationalismus,
Nihilist oder Christ – ganz egal,
Man trägt wieder Nationalismus
Als flotten Anachronismus
Und mit dreiviertellanger Moral!

Bitte, decken Sie sich rechtzeitig für das Frühjahr ein!
Warten Sie nicht auf die Auslandskollektionen,
Die sollen nämlich nach unseren Informationen
Ganz ähnlich sein!

Eigentlich wollen die beiden Studenten Kay Lorentz (1920–1993) und seine Frau Lore (1920–1994, siehe Seite 167ff.) nach Amerika auswandern. Doch dann bleiben sie, »aus Trotz«, wie sie einmal in einem Interview sagen, und weil »eine kolossale Hoffnung in uns steckte«.

Nach ersten Erfahrungen beim Düsseldorfer Kabarett ›Die Wäscheleine‹ beschließen sie, ihr eigenes Kabarett in dem Vereinslokal einer Düsseldorfer Altstadtkneipe aufzubauen. Mit dem Verkauf einer Leica-Kamera und zwei Dutzend silberner Löffel auf dem Schwarzen Markt finanzieren sie den Umbau und eröffnen am 29. März 1947 ihr ›Kom(m)ödchen – Die kleine Literaten-, Maler- und Schauspielerbühne‹. Ihr erstes Programm heißt ›Positiv dagegen‹ (ein Motto, an das sie sich zeitlebens halten). Nur die städtische Polizei kann das alles nicht so positiv sehen und schließt »das überflüssige Nachtlokal« umgehend. Vor allem der aufrührerischen Düsseldorfer Presse ist das Fortbestehen zu verdanken. Heute ist der Platz, an dem das ›Kom(m)ödchen‹ seinen Sitz als eine der renommiertesten und ältesten Kleinkunstbühnen Deutschlands hat, nach Kay und Lore Lorentz benannt …

»Der Gegenstand muß angreifbar sein, die Art und Weise unangreifbar!« Dieser selbstaufgestellten Maxime folgend, entwickelt das Düsseldorfer ›Kom(m)ödchen‹ bald einen Stil, der zum geschliffensten und elegantesten gehört, den das politisch-literarische Nachkriegskabarett der BRD zu bieten hat. Wo andere nur

Texte aufsagen, wird hier nach der bestmöglichen formalen und ästhetischen Umsetzung gesucht. Auf eine funktionale, aber dramaturgisch durchdachte Bühnenausstattung wird Wert gelegt, die musikalische Gestaltung durch die Hauskomponisten Emil Schuchardt und Werner Kruse bewegt sich auf höchstem Niveau, die Satire kommt gern im Gewand der literarischen Stilisierung daher (mit Anleihen von Goethe bis Shakespeare). Die ›Kom(m)ödchen‹-Programme sind Darbietungen für humanistisch erzogene Bildungsbürger, ohne Zweifel – aus der tiefen, spürbaren Überzeugung ihrer Macher heraus, daß nur Bildung staatserhaltend wirken kann (Lore Lorentz, 1985: »Ich komme doch nicht auf die Idee zu prügeln, wenn ich lesen und schreiben kann«). Schon in den 50er Jahren wird das von Kritikern bemängelt; der Vorwurf, die eigentliche satirische Spitze verfange sich schon vor dem Ziel im formalen Geflecht, wird laut. Andererseits erhalten die Texte und Chansons aber gerade durch ihre ausgesucht hohe Form eine Zeitlosigkeit, die sie noch heute über das Gros der satirischen Tagesproduktion hinaushebt und oft Gültigkeit behalten läßt. »In ihren Programmen wird nicht unbekümmert gefetzt, sondern hintergründig gespottet, hier werden Hiebe nicht mit Säbeln ausgeteilt, sondern offene Wunden ätzend beträufelt«, definierte einmal die Journalistin Gabriele von Arnim.

Lore Lorentz macht mit ihrem Charme und ihrem k.-und-k.-Nostalgie wachrufenden böhmischen Zungenschlag das Kabarett im Nachkriegsdeutschland salonfähig. Die Düsseldorfer Schickeria und die Prominenz der frischgebackenen Hauptstadt Bonn geben sich die Klinke in die Hand (wie später nur noch bei den Fernsehaufzeichnungen der ›Münchener Lach- und Schießgesellschaft‹). Das Besondere hierbei ist aber, daß sich die ›Kom(m)ödchen‹-Autoren dadurch nicht den Schneid abkaufen lassen, im Gegenteil: Sie befinden sich in der für das Kabarett selten glücklichen Situation, genau den Leuten ihre Texte um die Ohren hauen zu können, die sie damit treffen wollen. Dank der gewählten unaufdringlich-eleganten Form merken dies einige der Genarrten erst mitten im Lachen.

Zu den wichtigsten Hausautoren der ersten Zeit gehören neben dem Ehepaar Lorentz vor allem Eckart Hachfeld (1910–1994), Werner Wollenberger (1927–1982) und ab 1949 Martin Morlock (eigentlich Günther Goercke, 1918–1983). In amerikanischer Kriegsgefangenschaft war er in Italien auf den Kabarettisten Werner Finck (1902–1978) getroffen und hatte mit ihm eine Lagerzeitung herausgegeben. Heimgekehrt, macht Morlock das Schreiben zu seinem Hauptberuf: erst für das Zürcher Kabarett ›Nebelhorn‹, später für die Stuttgarter ›Mausefalle‹. Im ›Kom(m)ödchen‹ dann finden seine Texte überregionale Beachtung – kein Geringerer als Erich Kästner unterstützt den jungen Autor und holt ihn 1952 ins Team der ›Kleinen Freiheit‹. Die Sympathie Kästners für Morlock gründet wohl in der Erkenntnis, daß dieser wie er selbst »zu den sprachlich genauesten und polemisch unerbittlichsten Moralisten des deutschen Nachkriegskabaretts« gehört, wie der Kabaretthistoriker Klaus Budzinski richtig analysiert.

Den hier abgedruckten, von Schuchardt (1917–1965) vertonten Text verfaßt Morlock unter dem Pseudonym Kurt Zundgut für das zehnte ›Kom(m)ödchen‹-Programm ›Was blasen die Trompeten?‹ (1950). Es setzt sich intensiv mit den von Adenauer geschürten Wiederbewaffnungsgedanken auseinander (nachdem im Potsdamer Abkommen fünf Jahre zuvor festgelegt worden war, daß Deutsche nie wieder Waffen tragen sollten). Doch vor dem Hintergrund der 1949 durch Staatengründung besiegelten Zweiteilung Deutschlands und dem Ausbruch des Koreakrieges läßt sich da schon ganz anders argumentieren: »Wir müssen die Notwendigkeit der Schaffung einer starken deutschen Verteidigungskraft erkennen. Ich will nicht von einer Armee oder Waffen sprechen, aber diese Streitmacht muß stark genug sein, um jede mögliche, den Vorgängen in Korea ähnelnde Aggression der Sowjetzonen-Volkspolizei abzuwehren. So stark wie diese Volkspolizei müssen auch wir sein« (Adenauer am 17. August 1949). So fordert denn auch der »Unteroffizier Kay Lorentz« in seiner Premiereneinladung folgerichtig dazu auf, »sich am Dienstag, dem 12. Dezember 1950, 20.00 Uhr, im Einberufungslokal ›Kom(m)ödchen‹, Hunsrückenstraße 20, im gewaschenen Zustand einzufinden«.

Günter Neumann: Die Heuss-Zigarre

Kennen Sie denn die Geschichte von der Heuss-Zigarre schon?
Heuss behielt sie im Gesichte gegen jede Tradition.
Die Soraya bat um Feuer unsern Bundeschef – na und?
Er behielt bei dieser Feier die Zigarre drin im Mund.
Denn er dachte dabei flink: Wohin soll ich mit dem Ding?
Leg ich sie auf mein Knie, stört's erst recht mein Vis-à-vis.
Steck ich sie in den Frack, leidet nachher der Geschmack.
Klemm ich sie hinters Ohr, kommt's der Kaiserin komisch vor.
Halt ich sie in der Hand, krieg ich's Streichholz nicht in Brand!

Denn ein Streichholz zu entzünden für 'ne Kaiserin im Nu,
Das wird jeder nachempfinden: Man braucht beide Hände zu!
Eine hält die Schachtel feste, und die andre Hand, die streicht,
Nur so wird für hohe Gäste eine Flamme schnell erreicht.
Doch: Zigarre in der Hand, geht's sich halb so elegant.
Also was wirkt nicht kraß? Heuss bedachte dies und das.
Wenn man gibt und sie tippt, kann's passiern, daß Asche kippt,
Und ihr Kleid wird entweiht und die Freundschaft ist entzweit,
Und der Groll, der is doll übers ganze Protokoll.

Soll ich sie zu Boden legen? Dann wird mich die Kaiserin haun.
Sie als Perserin ist dagegen, daß wir Perser hier versaun.
Ja, wie soll man's bloß gestalten? Schließlich wirkt es auch fatal,
Sagt man: Majestät, ach, halten Sie die Jiftnudel doch mal!
Ja, wo sollt er damit hin? Alles ging ihm durch den Sinn:
Wenn ich sie schnell verschluck, krieg ich nachher Magendruck.
Wenn ich sie hier zertret, ärgert sich die Majestät.
Schmeiß ich sie in den Saal, macht die Feuerwehr Skandal.
Na ja, und das war'n Grund: Er behielt sie drin im Mund!

Aber als er mit dem Feuer ihre Zigarette traf,
Knipste ihn und die Soraya ein verwegner Fotograf.
Heuss konnt ihn nicht daran hindern, und auch dafür gibt's 'n
Grund:

Um nicht noch mehr Takt zu mindern, spricht man nicht mit
vollem Mund.
Und so sah das Erdenrund Heuss mit Glimmstengel im Mund!
»Unerhört – wie verkehrt«, hat so mancher aufbegehrt.
Weil's ihn stört, hat empört er sich drüber laut beschwert!
Mancher Narr voll Beharr hat das schriftlich noch verfaßt.
Wegen einer Zigarr' wurden Heuss Zigarr'n verpaßt!

Das geht sicher noch bis morgen, das Gestänkre und Gequiek,
'S gibt wohl keine andern Sorgen in der Bundesrepublik!
Aufgebauscht wird die Geschichte, doch es sei hier festgestellt:
'Ne Zigarre im Jesichte is kein Beinbruch für die Welt!
Na, und wie gesagt noch mal: 's blieb ihm keine andre Wahl!
Man verbrennt doch als Gent keine Kaiserin mit Glut.
Macht Herr Heuss mal was Neu's, weiß er sicher, was er tut!
Zwingt es ihn zu Kompromissen, hat er ganz bestimmt 'n Grund!
Churchill hat sogar beim Küssen die Zigarre noch im Mund!

Der Insulaner verliert die Ruhe nich. / Der Insulaner liebt keen Jetue nich. / (...) Der Insulaner hofft unbeirrt, / Daß seine Insel wieder'n schönes Festland wird!« Mit diesen Zeilen meldet sich ab dem 25. Dezember 1948 regelmäßig das RIAS-Radiokabarett ›Die Insulaner‹ aus der ehemaligen Reichshauptstadt zu Wort. Durch die Berliner Blockade der russischen Besatzungsmacht, die mit dem buchstäblichen Aushungern der Berliner Bevölkerung die Westmächte gefügig machen will, ist von Juni 1948 bis Mai 1949 die Stadt tatsächlich ein Eiland. Nur die »Rosinenbomber« der USA und Großbritanniens sichern mittels Versorgung über die Luftbrücke das Überleben der ohnehin kaum lebensfähigen Stadt. Der antirussische Ton, der bei diesem ungemein populären Ensemble bis zu seinem Ende 1968 vorherrscht, erklärt sich aus dieser Gründungssituation und der tagtäglichen Erfahrung mit der russischen Zone (und der späteren DDR). Initiator, Texter und Komponist ist der geniale Günter Neumann (1913–1972), der mit seiner Allround-Begabung in die Fußstapfen Friedrich Hollaenders tritt.

Von Willi Schaeffers 1929 entdeckt, lernt er noch (unter anderem bei Trude Hesterberg) das Kabarett der Weimarer Zeit kennen und versucht es (trotz verschiedener Verbote) in die Nazi-Zeit hinüberzuretten. Nach dem Krieg widmet er sich sofort wieder dem Kabarett, etwa mit seiner Revue ›Schwarzer Jahrmarkt‹ (1947) und dem satirischen Film ›Berliner Ballade‹ (1948), für den er Drehbuch und Musik schreibt (der junge, noch ausgezehrte Gert Fröbe spielt hier die Rolle des sprichwörtlich gewordenen Otto Normalverbrauchers). Bis in die 60er Jahre versorgt Neumann die unterschiedlichsten Kabaretts und Filmproduktionen mit seinem Talent – doch sein Lieblingskind sind ›Die Insulaner‹.

Das Ensemble wird von seiner Frau Tatjana Sais (1910–1981) als maßgeblicher Diseuse angeführt. Sie ist für die nachdenklichen Töne der Programme zuständig wie auch für das mondän-augenzwinkernde Chanson im Stile einer Hesterberg. Für die berlinisch-ruppigeren Töne ist Edith Schollwer (*1909) verantwortlich, deren hörbares Lächeln beim Vortrag noch heute Vergnügen bereitet. Immer wiederkehrende Elemente in den Programmen binden Millionen von Hörern (in West und Ost) in Vorfreude gebannt ans Radio: so die Telefonate des »Herrn Kummer« (dargestellt von Bruno Fritz), der in der Tradition des Herrn Wendriner von Tucholsky Zeitgeschehen knorrig-bauernschlau kommentiert. Die »Klatschdamen« von Agnes Windeck und der Sais erfüllen dieselbe Funktion aus weiblicher Sicht. Die direkteste Satire auf die neuesten Errungenschaften des Ostens findet sich aber in der berlinischen Dialekt-Dialektik des »Genossen« Walter Gross, der als »Funssionär« stalinistische Weisheiten mit ostzonaler Realität in Einklang bringen muß. Mag hier der Kalauer auch gerne mal die politisch-feinsinnige Satire erschlagen – gute Unterhaltung bieten Neumanns Texte allemal.

»Wo immer es brannte, waren sie als eine Art Feuerwehr des gesunden Menschenverstandes zur Stelle«, schreibt der Kritiker Friedrich Luft. »Wovon die Väter des ›Brettels‹ in Deutschland (...) nur geträumt haben, ist Günter Neumann gelungen. Er hat das Kabarett zu einer wirklichen Kunst, zu einem pfiffigen Instrument der Meinungsbildung, zu einer praktikablen, unüberhörbaren Stimme

Das Bild des Anstoßes: Heuss nicht ganz „formvollendet", aber gemütlich und guter Laune. Kaiserin Soraya nahm keinen Anstoß.

der Gegenwart gemacht. Er hat lachend Ernstes praktiziert.« Edith Schollwer erinnert sich, daß Neumann aus Aktualitätsgründen erst oft in der Nacht vor der Sendung schrieb: »Er schlief Freitag nacht nur eine Stunde.« Manchmal ist die Probenzeit so knapp, daß vor dem Mikrofon improvisiert werden muß. Um so erstaunlicher, daß die – später vor Publikum aufgezeichneten – Sendungen durchweg ihr hohes künstlerisches Niveau halten.

Besonders liebt Neumann die schwierige Liedform des Quodlibets. Darunter versteht man die parodistische Aneinanderreihung und Neutextierung bekannter Melodien. Der komische Reiz entsteht dabei für den Zuhörer aus der Kenntnis des Originals und der Einordnung in einen neuen Sinnzusammenhang. Solchermaßen seit 1907 in Deutschland bekannt, bringt Neumann es in dieser Form (neben Bronner und Qualtinger im Wiener Kabarett der 50er Jahre) zur absoluten Meisterschaft. Der hier abgedruckte Text aus Anlaß des Schah-Besuches vom 27. Februar 1955 in Bonn wurde auf das bekannte Couplet *Der Überzieher* von Otto Reutter textiert (siehe Seite 28ff.) und von Bruno Fritz (1900–1984) vorgetragen.

Im Original geht es um den Kampf eines Herrn Fichte mit seiner übertriebenen Achtsamkeit auf einen neu gekauften Mantel, eben den Überzieher: »Fichte ging ins Wirtshaus leider. Dort war'n Zettel angebracht: / ›'s gibt kein'n Raum für Überkleider, jeder Gast gibt selber acht!‹ / Einen Haken fand Herr Fichte hinten nur – 's war ärgerlich / Darum dreht er sein Gesichte, hängt den Mantel hinter sich / Und nun sah er wie gebannt, schaute immer nach der Wand.« Eine Steigerung findet die Misere dann, als Fichte durch das kontrollierende Umsehen beim Essen Magenkrämpfe bekommt, sich aber nicht traut, die Toilette aufzusuchen: »Wenn zur Tür ich marschier', nimmt man mir den Überzieher / In der Eck im Versteck gehen die Magenschmerzen weg / Bleib ich hier im Revier, bleib'n die Magenschmerzen mir / Geh ich weg von dem Fleck, ist der Überzieher weg!« Das Räsonieren und Abwägen wird in acht Strophen auf die Spitze getrieben – ein Paradebeispiel für die Reuttersche Komik. Wie dieser liebte Neumann das Spiel mit der Sprache, die Lust am Wortwitz, in der er dem Anarchistischen oft näher war als in seiner häufig zu stereotypen Anti-Ost-Propaganda.

Conrad Reinhold: Zeitungs-Couplet

Lesen Sie Zeitung, meine Damen und Herrn!
Sie werden erfahren, wir leben modern:
Man trägt nur noch Nylon und hört öfter Jazz,
Der Film läuft jetzt Breitwand, die Mode wird keß.
Der Nachtruh ein Ende, die Großstadt bleibt wach,
Wir können uns kaum retten vor Neon und Krach!
Der Vater fährt Auto, nebst Mutti und Kind,
Die finstren Fassaden am Aussterben sind …
Ja, in der Zeitung! Ja, in der Zeitung!

Lesen Sie Zeitung, meine Damen und Herrn,
Da liegt unser Wohlstand schon gar nicht mehr fern.
Da fallen die Preise, erhöht wird der Lohn,
Sie brauchen nur kaufen, es gibt alles schon:
Für jeden 'ne Wohnung mit Heizung und Bad,
Für jeden zum Fernsehen 'n neu'n Apparat.
Die Butter ist billig und Kaffee gibt's auch,
Wir fahren ins Ausland, wie's früher der Brauch.
Ja, in der Zeitung! Ja, in der Zeitung!

Na, noch 'ne Zeitung, meine Damen und Herrn?
Zehn, fünfzehn Pfennig, die opfert man gern!
Da gibt's keine Fehler – und wenn, sind sie klein.
Da scheinen die Ober schon freundlich zu sein,
Da spricht man ganz offen und ehrlich sich aus
Und spielt mit der Wahrheit nicht Katze und Maus.
Auch schafft man die Pläne, hat Zahlen zur Hand,
Man darf auch was sagen, Holzhammer verschwand …
Ja, in der Zeitung! Ja, in der Zeitung!

Doch scheint mir – Verzeihung, meine Damen und Herrn! –
Was ich hier lese, vom anderen Stern.
Wir wissen's doch besser, wir stecken doch drin,
Wir sind mit den Dingen doch erst am Beginn!

Es ist noch nicht rosig, man mach uns nichts weis,
Es ist auch nicht einfach, es kostet viel Schweiß!
Und wenn wir mal schimpfen, seid nicht gleich empört –
Wir wollen doch nur, daß das Leben so werd
Wie in der Zeitung, wie in der Zeitung!

Im Gesamtprozeß der gewaltigen gesellschaftlichen Umwälzungen auf dem Territorium der DDR erhält auch die Satire eine neue Funktion (...) Die Satire in der bürgerlichen Gesellschaft begreift sich als Ankläger der Absichten und Praktiken des Staates und seiner führenden Klasse, der Bourgeoisie, die Satire in der sozialistischen Gesellschaft weiß sich im Bunde mit den Zielen und Errungenschaften des sozialistischen Staates und seiner führenden Klasse, der Arbeiterklasse. Dabei bleibt aber auch in der sozialistischen Gesellschaft die Hauptmethode des Satirikers der Angriff, die ätzende, vernichtende Kritik, die sich nun aber nicht mehr gegen Staat und führende Klasse der Gesellschaft richtet, sondern gegen deren ideologische ›Widersacher‹, gegen rückständiges, nichtsozialistisches Denken und Verhalten, gegen Entwicklungswidersprüche innerhalb der sozialistischen Gesellschaft.« Soweit ein Ausschnitt aus der mit Theorien nicht geizenden DDR-Kabarettgeschichte des langjährigen ›Pfeffermühle‹-Chefs und Nationalpreisträgers Rainer Otto, 1977 in Ost-Berlin erschienen.

Einen ganzen Katalog von Forderungen stellt die 1949 gegründete DDR an die jungen Kabaretts: Da sollen »überkommene Formen des vor-sozialistischen Kabaretts« (allen voran das bourgeoise Chanson) überwunden werden, eine »positive Satire« solle man erfinden, die nur durch eine absolute »Bejahung des Neuen« erreicht werden könne. Das 1953 gegründete Ost-Berliner Kabarett ›Die Distel‹ antwortet darauf mit ihrem ersten Programmtitel: ›Hurra, Humor ist eingeplant!‹. Die Satire bleibt aber meist aus Ratlosigkeit über die neuen Anforderungen auf der Strecke. Fester wird der Maulkorb ab März 1953 gezurrt, ausgelöst durch den Tod Stalins und dem folgenden verordneten Ideologiekurswechsel sowie durch die gewaltsame Niederschlagung des Arbeiteraufstands vom

16./17. Juni 1953, in dem das Bruderland UdSSR die Maske fallen läßt. Erst als Chruschtschow 1956 »Tauwetter« ausruft, wagen es auch die Kabaretts der DDR, zeitkritische Anmerkungen zu machen (die freilich mit Schlußgesängen wie »Wir können es nicht lassen / Heiße Eisen anzufassen / Denn wir lieben unsre Republik« [›Die Distel‹, 1956] in ihrer Schlagkraft abgefangen werden).

Daß die Schmerzgrenze der Kulturfunktionäre aber schnell überschritten ist, zeigt der Fall des hier wiedergegebenen *Zeitungs-Couplets*. Der Autor Conrad Reinhold (1930–1974) war, nach ersten Bühnenerfahrungen mit seinem Reisekabarettensemble ›Der Wecker‹, 1955 vom Rat der Stadt Leipzig, der die ›Pfeffermühle‹ nach dem ersten Programm übernommen hatte (!), als Intendant engagiert worden. Bereits mit dem zweiten Programm ›So'n Zirkus‹ handelt sich Reinhold ein Spielverbot für die Zeit der Herbstmesse 1955 ein. Ein Jahr später tritt er in dem Programm ›Rührt Euch!‹ als Zeitungsverkäufer mit bekannten DDR-Blättern in der Hand auf die Bühne und singt sein *Zeitungs-Couplet* – unbeanstandet. Bei der 70. Vorstellung allerdings zerren ihn SED-Funktionäre während seines Vortrags von der Bühne, was den Vorwand für eine vorübergehende Schließung der ›Leipziger Pfeffermühle‹ bietet. Kurze Zeit später flieht Reinhold in die BRD als »Wunderer zwischen zwei Welten«, wie er sich selbst bezeichnet. Weit entfernt davon, sich vom Westen vereinnahmen zu lassen, resümiert er: »Das Kabarett im Osten soll die Gesellschaft verändern, aber es darf nichts sagen. Im Westen darf das Kabarett alles sagen, aber es darf nichts verändern.« Mit seiner Frau Christel Burgert läßt er sich schließlich in Frankfurt am Main nieder und gründet dort ›Das kleine Frankfurter Resistenztheater Die Mai-ninger‹.

Die DDR-Führung sieht sich bald zu der Erkenntnis vieler totalitärer Regime gezwungen, nämlich daß sich die Kunstform Kabarett im originären Sinne einer Vereinnahmung von Staats wegen widersetzt. Der ›Distel‹-Chef Erich Brehm konstatiert dialektisch-beschwichtigend: »Keinem Satiriker ist es bisher gelungen, positive Satire zu produzieren. Wenn es aber keine positive Satire gibt, kann es auch keine negative geben (...) Die Satiriker sind positiv dagegen, daß die Schilderung des Negativen keine positiven Folgen haben können soll.«

Staatschef Walter Ulbricht glaubt den Satire-Löwen zähmen zu können, indem er auf dem SED-Parteitag 1958 verkündet, daß Kabarett in der DDR hauptsächlich als Agitations- und Laienkunst geübt werden soll. Er ordnet es somit der leichter zu lenkenden Agitprop-Bewegung zu, die sich vor allem mit volksliedhaften, heute tragikomisch anmutenden Gesängen hervortut: Da wird von *Fritz, dem Traktoristen* gesungen und der zwangskollektivierte Bauer mit der Hymne *Jetzt bist du in der LPG!* begrüßt. 1964 versucht man noch einmal die aus Gründen des Renommees geduldeten Profikabaretts auf Linie zu bringen: Ein »Textseminar für Westthematik« zur Vorbereitung einer »Zentralen Kabarett-Konferenz der SED« wird da angekündigt – gewagt hat die Umsetzung keiner.

Es sei noch angemerkt, daß das klassische Chanson der Weimarer Republik und natürlich die Werke der Nationalpreisträger Brecht und Eisler in hohem Maße (auch aus einer Stellvertreterfunktion heraus) gepflegt wurden. Stilprägend war hier die Vorzeigediseuse der DDR, die Schauspielerin Gisela May (*1924). Ausgestattet mit einer großzügigen Reisegenehmigung, war die May zugleich Botschafterin ihres Landes und einer nahezu vergessenen Chansonkultur. Ob ihrer unsentimentalen Direktheit des Vortrags, ihrer hohen Musikalität und ihrer interpretatorischen Intelligenz zählt sie noch heute zu den großen Lehrmeisterinnen des Chansonvortrags.

Erich Brehm: Zweierlei Deutschland

Ich hab ein deutsches Vaterland,
Das ist nach Ost und West benannt.
Und der Regen fällt, und die Sonne scheint
Auf zweierlei Geld und auf zweierlei Feind.
Und der Ostwind weht, und der Westwind weht
Der Schlagbaum voll in Blüte steht.

Was ist des Deutschen Vaterland?
Der Westerwald, der Ostseestrand?
Der Heidelberg, die Rudolstadt?
Die Lüneburg, das Berkabad?
Die wirtschaftswunden Parlamente?
Die Leistungsschau der Transparente?
Die volksgekünstelten Estraden?

Was ist des Deutschen Vaterland?
Ein Kreuz mit zweien aus der Hand.
Denn Deutschland liegt nach alter Sitte
Genau in der alleräußersten Mitte!
Und der Regen fällt, und die Sonne scheint
Auf zweierlei Grund und auf zweierlei Feind
Und auf zweierlei Ehr' und auf zweierlei Sinn
Und ich selber mittendrin!

Was ist des Deutschen Vaterland?
Das Land, das Ost und West erfand?
Ach, Deutschland war ja längst gespalten,
Als Ost und West für eins noch galten!
Von Bach die Kantaten,
Von Krupp die Granaten,
Von Heine das Lied
Und von Schacht den Kredit.
Von Mozart die Flöte,
Vom König den Stock,

Den Egmont von Goethe
Und vom Kaiser den Rock.
Von Brecht die Courage,
Von Schlieffen den Plan,
Von Marx die Erkenntnis
Und von Hitler den Wahn.

Der gute Mensch – und die Kanonen!
Das warn schon immer Deutschlands Zonen!
Und die Sonne scheint, und der Regen fällt
Auf zweierlei Ziel und zweierlei Held.
Und Ost oder West – das ist nicht die Lage.
Krieg oder Frieden – das ist die Frage!
Und nur eine Lösung, daß Deutschland sich eint:
Der Frieden sei unser, und der Krieg sei der Feind!

Ist auch in den Verfassungen beider deutscher Staaten das Ziel der Wiedervereinigung festgeschrieben, läßt die reale Politik hüben wie drüben doch an der Ernsthaftigkeit dieses Wunsches zuweilen zweifeln. Kanzler Konrad Adenauer betreibt eine Politik der totalen Loyalität gegenüber den Westalliierten, um so Deutschland möglichst schnell wieder als gleichberechtigten Partner in Europa etablieren zu können. Die aus der sowjetischen Besatzungszone hervorgegangene DDR ist ideologiegebunden ganz dem »sozialistischen Bruderland« UdSSR verpflichtet. Die Grenzen scheinen klar abgesteckt zu sein. Da überrascht Stalin am 10. März 1952 die Westmächte mit einer Note, in der er ihnen die Wiedervereinigung anbietet. Mit der Ablehnung dieses noch heute umstrittenen Angebots und der Weigerung der BRD, die DDR anzuerkennen, verhärten sich die Fronten.

Die beiden, sich selbst immer wieder als »friedliebend« bezeichnenden deutschen Staaten beginnen nun offen mit dem Aufbau eines neuen Heeres unter mächtigem verbalen Säbelgerassel. Adenauer schlägt schon früh laute nationalistische Töne an: »Für jeden Deutschen mit gesundem Empfinden muß es auch ein zwingendes Gebot sein, seine Heimat und seine Freiheit zu verteidigen.« Er drückt die Gründung der Bundeswehr als Beitrag zur »Abwehrfront zur Verteidigung Westeuropas« durch – die Alliierten danken es ihm mit der Ratifizierung des Deutschlandvertrages, der dem Land 1955 die Souveränität zurückgibt.

Walter Ulbricht holt zum Gegenschlag aus: »Adenauer hat die Konzeption über die Vorbereitung des Krieges aus Hitlers ›Mein Kampf‹ übernommen. Adenauer ist der Hitler von heute!« Auch die DDR wird mit der Souveränität seitens der UdSSR belohnt und kann ihre seit 1950 heimlich betriebene Aufrüstung öffentlich machen: Am 18. Januar 1956 wird das Gesetz zur Schaffung der Nationalen Volksarmee verabschiedet. Zehn Tage später ist sie bereits in die Streitkräfte des Warschauer Paktes aufgenommen.

Die letzten zaghaften Hoffnungen auf Wiedervereinigung macht schließlich die Ost-Berliner Rede des neuen russischen Staatschefs Chruschtschow am 26. Juli 1955 zunichte, der hier erstmals seine Zwei-Staaten-Theorie definiert. Danach würde die UdSSR einer Wiedervereinigung nur zustimmen, wenn die »Wahrung der sozialistischen Errungenschaften der DDR« garantiert sei. Die Hauptkampfplätze des Kalten Krieges sind damit bestimmt.

Die deutsch-deutsche Grenze, natürlicher wie psychischer Art, wird zu einem der vorrangigen Themen des deutschen Kabaretts der 50er und 60er Jahre.

Die Ost-Berliner ›Distel‹ bringt im April 1957 das Programm ›Wenn die kleinen Kinder schlafen‹ heraus, das mutig das Erziehungswesen der DDR kritisch unter die Lupe nimmt. In der Vertonung von Dankward Pfeiffer singt Gina Presgott hier das abgedruckte Chanson. Was jedoch am Liedanfang noch als ehrlich-sentimentale und durchaus DDR-kritische Bestandsaufnahme anmutet, entpuppt sich in der zweiten Hälfte als agitatorische Geschichtsverrenkung. Da wird die aktuelle politische Entwicklung als logische Konsequenz des von jeher herrschenden Preußengeistes (»vom König den Stock«) und Eroberungswillens (»vom Schlieffen den Plan«) der westlichen Imperialisten gedeutet, wird Kunst gegen Kommerz ausgespielt (auch wenn man die angeführten Künstler ideologiegerecht »zwangsumsiedeln« muß). Wird der

Text von Verfechtern auch gerne als schlichte philosophische Betrachtung über die Unvereinbarkeit der menschlichen Anlagen gedeutet, so hält doch diese Behauptung angesichts der Schlußstrophe mit ihren klaren Zuweisungen nicht stand: hier die DDR als das Sammelbecken für die guten Menschen, dort die BRD als Standort für die Kanonen. Durch die politisch vorgegebene Rollenverteilung der BRD als Aggressor und der DDR als »friedliebendes« Land läßt die letzte Zeile an Eindeutigkeit nichts zu wünschen übrig.

Fast zur gleichen Zeit schreibt Eckart Hachfeld einen ähnlichen Text für das Düsseldorfer ›Kom(m)ödchen‹ (siehe Seite 128ff.). Unter dem Faust-Zitat »Zwei Seelen, ach ...« zieht auch er die deutschen Denker zur Verdeutlichung der Dualität des deutschen Seins heran, diesmal unter dem Gesichtspunkt der Vergangenheitsbewältigung: »Ich habe als Kant das Gewissen gerufen / Als Goethe die Humanität gelehrt / – Und habe die Werte, die sie mir schufen, in einer Kristallnacht zerstört ... / Ich habe als Luther die Schrift übersetzt / Ich bin als Mozart verspielt und graziös / – Und verlege die Memoiren jetzt / Des KZ-Kommandanten Höß ...« Hachfeld hält sich fern von Schuldzuweisungen und konstatiert: »Die Grenze, die mein Vaterland gespalten / Liegt nicht bei Helmstedt, nicht bei Ludwigslust / Die Grenze, die wir ewig aufrecht halten / Geht mitten durch die eig'ne deutsche Brust.« Bei Hachfeld die Aufforderung zum Nachdenken über das peinlich Vermiedene, auch über das eigene Verhalten, bei Brehm (1910–1960) eine politikkonforme Schuldzuweisung, die jegliche Auseinandersetzung mit der eigenen Verantwortung ablehnt – und damit ebenso eine adäquate Vergangenheitsbewältigung verspielt. Auch in diesem traurigen Punkt stehen sich die beiden deutschen Staaten in nichts nach.

Hannelore Kaub: Und jeden Tag ein Stück

Am 13. August 1961 begann der Bau der Mauer durch die Regierung der DDR. Kein Mensch im Westen hat sie gewollt, und jeder von uns verurteilt sie. Und dennoch wird sie täglich höher, denn wir …

Wir bauen an der Mauer, und jeden Tag ein Stück.
Wir bauen an der Mauer mit tränenfeuchtem Blick.
Wir bauen mit Verbissenheit, wir bauen für die Ewigkeit,
Und merken's nicht einmal.
Wir bauen an der Mauer gedankenlos und satt,
Wir bauen an der Mauer,
Weil man die riesengroße Angst im Nacken hat.

Ein bißchen Lüge und nicht dran denken,
Doch jeden Festtag gesamt-gerührt.
Ein paar Briketts per Päckchen schenken –
Wir mögen nicht, wenn unser Bruder friert.
Pauschales Mißtraun, pauschale Liebe
Für den Bruder, den man nur aus Briefen kennt.
Pauschales Mitleid, pauschale Lüge,
Doch im Grunde ist uns der Bruder fremd.
Wir haben ihn zu lange warten lassen,
Wir rieten ihm nur immer: Hab Geduld!
Eines Tages wird uns unser Bruder hassen,
Er wird sagen: Ihr im Westen, ihr seid schuld.
Was haben uns in diesen vielen Jahren
Eure Worte und Versprechen denn genützt?
Wir hab'n auf euch gehofft und nur erfahren,
Daß ein Weihnachtsstollen nicht vor Hunger schützt.
Wir bauen an der Mauer aktiv und resolut.
Wir bauen an der Mauer und meinen's doch nur gut.

Wir bauen an der Mauer, und jeden Tag ein Stück.
Wir bauen an der Mauer mit tränenfeuchtem Blick.
Wir haben stets auf Gott vertraut und still-ergeben zugeschaut,
Ob sich das Wunder tut.
Wir bauen an der Mauer mit Phrasen und Geschick.
Wir bauen an der Mauer
Mit dieser fünfzehn Jahre falschen Politik.

Und einmal jährlich ein Tag der Einheit,
Mit Richard Wagner – ein Volk hat frei.
Man spricht von Einheit in Frieden und Freiheit,
Als ob das nicht ganz selbstverständlich sei.
Wann wird man aufhör'n mit dem Bekennen
Und der Wunschvorstellung: Was wir tun, ist gut!
Wann wird man Dinge beim Namen nennen?
Warum fehlt uns denn für Tatsachen der Mut?
Warum können wir die Wahrheit nicht vertragen,
Daß man Chancen, die wir hatten, glatt vertat?
Warum darf man es nicht laut und offen sagen,
Daß da drüben ist ein zweiter deutscher Staat?
Man kann nicht nur von der deutschen Einheit träumen,
Es ist nötig, daß man mit den andern spricht.
Doch das heißt, Kompromisse einzuräumen.
Na, wir wollen doch die Einheit. Oder nicht?
Wir bauen an der Mauer verbissen wie noch nie.
Wir bauen an der Mauer und einer Utopie.

Wir bauen an der Mauer, und jeden Tag ein Stück.
Wir bauen an der Mauer mit tränenfeuchtem Blick.
Wir hören, wie's dort drüben ist, fast jeder ist ein Kommunist,
Nur unser Bruder nicht.
Wir bauen an der Mauer, verdummt und schizophren.
Wir bauen an der Mauer,
Und das Ende ist vorerst nicht abzuseh'n.

Selbständig handeln, politisch denken
Hat unser Staat uns nicht gelehrt.
Das deutsche Volk ist leicht zu lenken.
Es wurde immer schon bewußt nicht aufgeklärt.
Und dann die Angst und das Erkennen:
Die da drüben sind geschult und instruiert –
Man wird uns geistig überrennen –
Wir sind in Kürze kommunistisch infiltriert.
Das fürchtet man und ist darum dagegen.
Diese Haltung ist gefährlich und bequem.
Dabei sind wir doch dem Osten überlegen
Mit uns'rem westlich demokratischen System.
Wir woll'n das ganze Deutschland neu vereinen.
Ohne Opfer und reale Konzeption.
Doch solange wir den zweiten Staat verneinen,
Bleibt die deutsche Einheit eine Illusion.

Wir bauen an der Mauer, und jeden Tag ein Stück.
Wir bauen an der Mauer mit tränenfeuchtem Blick.

Und wenn die Wiedervereinigung kommen sollte – die Mauer, die der Osten errichtet hat, ist an einem Tage niedergerissen; doch die geistige Mauer, an der wir beide arbeiten, wird auch in zehn Jahren noch nicht abgetragen sein.

Heidelberg ist die Hauptstadt des deutschen Kabaretts!« Der das 1962 verkündet, ist der bekannte Kabarettist Wolfgang Neuss (1923–1989), und das Ensemble, welches die Universitätsstadt am Neckar zu solch ungeahnten (und manchmal wohl auch ungewollten) Weihen bringt, nennt sich ›Das Bügelbrett‹. 1959 als Studentenkabarett ›Collegium academicum‹ gegründet, wird es von der im gleichen Jahr dazustoßenden Sprachenstudentin Hannelore Kunz (*1936) und ihrem Kommilitonen Horst Taubmann textlich wie darstellerisch auf Vordermann gebracht. Bei der Suche nach einem neuen Spielort trifft man auf den Volkswirtschaftsstudenten

Erich Kaub, der zur Finanzierung seines Studiums die Studentenkneipe ›Tangente‹ eröffnet hatte und diese zur Verfügung stellt. Am 21. Juni 1960 präsentiert die in ›Das Bügelbrett‹ umbenannte Truppe (Kunz, Taubmann, Wolfgang Beck, Peter Knorr) hier das erste Programm ›Die großen Tabus‹. Hannelore Kunz verliebt sich in Kaub und heiratet ihn im Oktober. Als Hannelore Kaub wird sie fortan als eine der wichtigsten deutschen Kabarett-Texterinnen und -Darstellerinnen Kleinkunstgeschichte schreiben. Nach dem Ausscheiden von Taubmann übernimmt sie 1961 die künstlerische Leitung des ›Bügelbretts‹, schreibt den Großteil der Texte und inszeniert alle Programme.

Auch ihr Mann ist rege und setzt sein Studium als einer der ersten »Kulturmanager« direkt in die Praxis um. Durch seine Funktion als stellvertretender Vorsitzender des Verbandes Deutscher Studentenschaften gelingt es ihm, dem jungen Ensemble in einigen Universitätsstädten Auftritte zu vermitteln. Als Durchbruch erweist sich das Gastspiel in Berlin 1961 bei den ›1. Berliner Kabarett-Tagen‹, wo ihnen, wie auch im folgenden Jahr, der erste Preis als bestes westdeutsches Studentenkabarett verliehen wird. Der bereits eingangs zitierte Wolfgang Neuss erweist sich als prominenter Fürsprecher und bemerkt in einer Zeitungskritik selbstkritisch: »Gebogen vor Lachen, gekrümmt vor Scham und trotzdem glücklich wie lange nicht seit 1945 (...) Sie deklassieren ungewollt alles, sie verweisen sämtliche Kabarettisten und mich auf die Wohlstandsplätze.« Trotzdem endet das flugs anberaumte 14tägige Berlin-Gastspiel aufgrund der hohen Saalmiete in einem finanziellen Fiasko, das aber von der florierenden Heidelberger ›Tangente‹ aufgefangen wird. Aus dieser Erfahrung heraus beschließt der Volkswirt Kaub, weitere »Tangenten« in verschiedenen Städten zu eröffnen, um unter anderem dem Ensemble günstige Auftrittsorte zu verschaffen. Und tatsächlich: das Prinzip dieser Mischkalkulation (das schon die Montmartre-Cabarets über Wasser hielt) geht auf. Auch diese relative finanzielle Sicherheit wird dazu beigetragen haben, daß Hannelore Kaub in ihren Texten und den behandelten Sujets immer kompromißloser wurde. So läßt sie etwa zur Pensionierung des Adenauer-Ministers Hans Globke (siehe Seite

121) den *Chor dreier Judenkinder* ein Dankeslied anstimmen oder in einer *Wiedervereinigungsvision* Axel Springer über Ulbricht herfallen und ihm die Augen ausstechen. Hier fand bereits auf der Bühne eine Radikalisierung statt, die bald auf die Straße hinausgetragen wurde; aber – wie auch Kritiker immer wieder loben mußten – in einer sprachlich so makellosen und inhaltlich nachvollziehbar vorgebrachten Form, daß die Kaub nie als marktschreierische Barrikadenjule zu degradieren war.

›Das Bügelbrett‹ (das seinen Namen aus den anzufassenden »heißen Eisen« der Zeit ableitete) ist sich der Schwierigkeiten, die aus zunehmender Deutlichkeit erwachsen, bewußt: »Wir möchten Sie so gerne / Mit Schärfe konfrontier'n / doch wo man sich auch hindreht / Das meiste ist tabu / Und wenn man's noch so leise sagt / Der Verfassungsschutz hört zu.« Die harten Zensurmaßnahmen aber, denen es sich bei seiner ersten Fernsehpräsentation ausgeliefert sieht, hat das Ensemble wohl nicht erwartet. Diese werden als klare Kampfansage des staatlichen Machtapparates verstanden. Der NDR hatte eine im April 1964 aufgezeichnete Zusammenstellung verschiedener ›Bügelbrett‹-Nummern eigenmächtig gekürzt. Drei Tage vor der auf den 17. Juli angesetzten Ausstrahlung erfährt die Kaub durch eine Indiskretion davon und sendet sofort ein Protest-Telegramm an die Redaktion. Der NDR geht weder auf das Schreiben noch auf die darin geforderte Veröffentlichung ein und sendet die kastrierte, in weiten Teilen dadurch unlogische Fassung (so wird etwa eine unliebsame de Gaulle-Pointe einfach durch vorzeitig eingeblendeten Beifall unverständlich gemacht). Neben dem ebenfalls nicht gesendeten obenerwähnten Sketch einer fiktiven Gefangennahme und Folterung Ulbrichts und einem Song über scheinheiligen Umgang unter anderem mit Homosexualität (»Am Tag, da Gustaf Gründgens starb / Oder Jean Cocteau / Da fing man einen Landstreicher / Auf einem Männerklo / Bei dem war schnell ein Urteil da / der war nicht prominent – / Der war nicht prominent, und da / Da ekelte man sich so«) ist es vor allem der abgedruckte, 1963 geschriebene Song (Musik: Wolfgang Beck) über das deutsch-deutsche Verhältnis nach dem Mauerbau am 13. August 1961, der die staatstreuen Intendanten-Gemüter erregt.

Dieser Eingriff ist keine Ausnahme. Trotz der grundrechtlichen Zusicherung »Eine Zensur findet nicht statt« (Art. 5 GG) wird von den Medien eigenes Recht praktiziert. Der SFB etwa läßt eine Tonstörung eintreten, als bei der Live-Ausstrahlung eines Wolfgang-Neuss-Programms die politischen Pointen als zu hart befunden werden. Das ›Kom(m)ödchen‹ vermißt plötzlich Sätze in seinen Fernsehaufzeichnungen (und vermeidet in Zukunft hier solch eindeutige Töne). Der Intendant der Frankfurter ›Schmiere‹, Rudolf Rolfs (*1920), bekommt 1979 in einem die Aufzeichnung seiner Programme betreffenden Ablehnungsschreiben des HR-Intendanten Werner Hess den verräterischen Satz zu lesen: »Was Sie da alles sagen, das können Sie vor hundert Leuten sagen, aber nicht vor zwei Millionen.« Darauf antwortet Rolfs: »Verstehe: das ist der Unterschied zwischen dem Kleinen und dem Großen Grundgesetz.« Der NDR setzt nach massivem Druck konservativer Kreise die Satire-Serie ›Hallo Nachbarn!‹ ab mit der Begründung: »Mit Ausnahme des Publikums hat die Sendereihe niemandem gefallen.«

Weiterer Höhepunkt der offenen Zensur ist die Aktion des Bayerischen Rundfunks, der sich dem Wunsch des Ministerpräsidenten Strauß fügt und sich aus der laufenden ›Scheibenwischer‹-Sendung am 22. Mai 1986 ausschaltet, als das unerwünschte Thema Kernkraftwerke auftaucht. Der sich gegen jeden Maulkorb erfolgreich und publikumswirksam zur Wehr setzende Kabarettist Dieter Hildebrandt (*1927) gibt daraufhin den Text der Sendung inklusive gesammelter öffentlicher Reaktionen kurzerhand als Taschenbuch heraus.

Das ›Bügelbrett‹ verlegt 1965 seinen ständigen Sitz nach West-Berlin (wieder einmal in eine frischgegründete ›Tangente‹) und wird immer schärfer – auch in seiner Selbstkritik. Allgemein hinterfragt das deutsche Kabarett nun öfter seinen Sinn in einer sich jedem Erneuerungsgedanken verschließenden und mit Notstandsverordnungen regierenden Demokratie. Auch die wirtschaftliche Rezession, die steigenden Arbeitslosenzahlen und die Stimmzunahmen rechter Parteien lassen an einen Vergleich mit der Weimarer Republik denken. Die Texte Hannelore Kaubs benennen all diese Strömungen aufs exakteste und sind, trotz aller satirischen

Überspitzungen und optimistischer Schlußstrophen, spürbar getragen von einer ganz persönlichen Wut und Verzweiflung über die Unbeweglichkeit der sich angeblich drehenden Welt. Auch das Publikum wendet sich immer mehr vom Kabarett ab: Der eine Teil betrachtet die Kabarettisten als »reaktionäre Hofnarren«, welche mit Polemik die für einen durch Revolution herbeizuführenden Umbruch nötig gebrauchte Kraft verschwenden. Der andere Teil glaubt, spätestens mit der Ernennung des »Linken« Willy Brandt 1969 zum Bundeskanzler habe das Kabarett »sein Ziel erreicht« und könne jetzt in Rente gehen. Nach dem programmatischen Erneuerungsversuch ›Das Kabarett ist tot – Es lebe das Cabaret!‹ (1967) verabschiedet sich das immer wieder umstrukturierte Ensemble des ›Bügelbretts‹ 1969 mit dem Programm ›Trotzdem … Rot ist die Hoffnung‹.

Erst 1981 meldet sich Hannelore Kaub mit dem neugegründeten ›Bügelbrett‹-Ensemble in Berlin zurück. 1988 erhält sie den Kabarett-Ehrenpreis des ›unterhauses‹, 1995 den Ehrenpreis zum Deutschen Kunstpreis. In ihrem Solo ›Die Schnauze voll‹ (1993) formuliert die heute hauptsächlich als Autorin tätige Kaub ihr kabarettistisches und persönliches Credo: »Und tut´s auch manchmal noch so weh / Ich will verletzbar bleiben / Die Zahl der Zombies, die wird täglich größer / Und ich, ich werde immer böser / Das, was der Mensch dem Mensch antut / Und sich gefallen läßt / Das macht mich krank vor Schmerz und Wut / Ich bin nicht wetterfest / Mit Toleranz, da läuft bei mir nichts mehr … / Tut mir leid, Frau Luxemburg und Herr Voltaire.«

Walter Brandin: Der Floh (La Puce)

Nachts, im Bett, sehr adrett,
Lag Lucille im Schlummer.
Da bemerkt sie irgendwo
Im Nachthemd einen Floh!
Das macht bekanntlich Kummer!

Und der Floh denkt: »Wieso
Jagt man mich nun plötzlich
So im Dunkeln unterm Hemd?
Und dann die Gegend fremd!
– Entsetzlich!«

Eine kleine Öffnung findet er,
Und darin sofort verschwindet er,
Und er sagt: »Diese Jagd
Werd' ich ihr verpatzen!«
Doch da nimmt das gute Kind
Den Finger und beginnt zu kratzen!

»Feucht wird's hier«, denkt das Tier,
»Will man mich ertränken?«
Doch das Mädchen, ach, das schien
Im Augenblick an ihn
Durchaus nicht mehr zu denken!

Mit dem Floh war es so
Ziemlich bald vorüber!
Doch, so rächt sich die Gewalt:
Lucille war auch sehr bald
– hinüber!

Das Chanson wird in den 60er Jahren immer mehr aus dem Kabarett verdrängt. Zu hart ist die politische und soziale Realität, als daß ihr mit dieser poetisch-musikalischen Form beizukommen zu sein scheint. Schnell zu spielende und zu aktualisierende Szenen, Monologe, Epigramme prägen den neuen zeitgemäßen Kabarettstil in der BRD. Das Chanson ist bald als altmodisch-bürgerlich verschrien, vereinnahmt vom ausbrechenden »Pestival der zwanziger Jahre«, wie Friedrich Hollaender das oberflächliche Revival dieser Epoche in Mode und Musik nannte. Man ordnet ihm die Adjektive »frech« und »frivol« zu – und so findet sich das Chanson bald in der Oswalt-Kolle-Schmuddelecke wieder, in der die Republik ihre Sexualität entdeckt. Kabarett- und Schlagerstars wie Hanne Wieder, Ingrid van Bergen, Evelyn Künneke, Illo Schieder und Gisela springen auf den Sex-Expreß auf und hauchen bis Mitte der 70er auf »Nur-für-Herren«-Platten zum Teil unglaublich plumpe Texte herunter. Eine, die sich in der Qualität der Texte wie des Vortrags vom Gros abhebt, ist die Schauspielerin und Chansonniere Helen Vita (eigentlich Helène Reichel, 1928–2001). Von Brecht 1948 fürs Kabarett entdeckt, widmet sie sich neben ihrer ausgedehnten Theater-, Film- und Fernsehkarriere ab den 60er Jahren verstärkt dem klassischen Chanson in Soloprogrammen. Ihre flexible Kleinmädchen-Stimme, die auch unvermittelt sinnlich schnurren kann, gepaart mit ihrem attraktiven Äußeren, ergibt eine hocherotische Mischung aus Naivität und Durchtriebenheit, die sie prädestiniert für die von Walter Brandin (1920–1995) übersetzten ›Frechen Chansons‹ aus dem alten Frankreich, die sie ab 1964 auf mehreren Schallplatten kreiert. Bald nimmt sich die Justiz der Aufnahmen an, setzt sie wegen »Gefährdung der Jugend und des Abendlandes« auf den Index. Gleichzeitig erhält die Vita dafür zweimal den Preis der Deutschen Schallplattenkritik.

Zu ihrem Leidwesen wird sie von nun an fast ausschließlich mit diesen Liedern identifiziert (»Ich kann offenbar das Telefonbuch runtersingen, und die Leute werden sagen: ›Donnerwetter, ist das unanständig‹«). Ab 1996 feiert sie noch einmal große Erfolge zusammen mit Evelyn Künneke (1921–2001) und Brigitta Mira (*1916) als Trio ›Die drei alten Schachteln‹.

Wolf Biermann: Drei Kugeln auf Rudi Dutschke

Drei Kugeln auf Rudi Dutschke
Ein blutiges Attentat
Wir haben genau gesehen
Wer da geschossen hat
    Ach Deutschland, deine Mörder
    Es ist das alte Lied
    Schon wieder Blut und Tränen
    Was gehst du denn mit denen
    Du weißt doch, was dir blüht!

Die Kugel Nummer eins kam
Aus Springers Zeitungswald
Ihr habt dem Mann die Groschen
Auch noch dafür bezahlt
    Ach Deutschland, deine Mörder …

Des zweiten Schusses Schütze
Im Schöneberger Haus
Sein Mund war ja die Mündung
Da kam die Kugel raus
    Ach Deutschland, deine Mörder …

Der Edel-Nazi-Kanzler
Schoß Kugel Nummer drei
Er legte gleich der Witwe
Den Beileidsbrief mit bei
    Ach Deutschland, deine Mörder …

Drei Kugeln auf Rudi Dutschke
Ihm galten sie nicht allein
Wenn wir uns jetzt nicht wehren
Wirst du der nächste sein
    Ach Deutschland, deine Mörder …

Es haben die paar Herren
So viel schon umgebracht
Statt daß sie euch zerbrechen
Zerbrecht jetzt ihre Macht
   Ach Deutschland, deine Mörder …

Einer der wenigen, die das Wort »Liedermacher« mit Stolz als Berufsbezeichnung tragen, ist der aus Hamburg stammende und nach seiner Ausbürgerung aus der DDR 1976 dorthin zurückgekehrte Wolf Biermann (*1936). Wie sein großes lyrisches Vorbild Bertolt Brecht, der sich auch nicht als Dramatiker, sondern als »Stückeschreiber« verstand, betont Biermann hierin das Schnörkellos-Handwerkliche seines Berufs, um nie in den Verdacht einer L'art-pour-l'art-Haltung zu kommen. Hier geht es um Inhalte, nicht um Verpackung (auch wenn Brecht wie Biermann durchaus ihre kitschigen Momente haben).

Aus einer stark engagierten kommunistischen Arbeiterfamilie kommend (sein Vater wurde von den Nazis 1943 in Auschwitz ermordet), zieht Biermann mit 16 Jahren in die DDR, um am Aufbau des Sozialismus auf deutschem Boden mitzuwirken. Er studiert Politische Ökonomie, geht dann aber 1957 für zwei Jahre als Regieassistent ans Berliner Ensemble, wo er Hanns Eisler kennenlernt. Hans-Klaus Jungheinrich schreibt über diese wichtige Begegnung zweier Generationen des politischen Liedes in seinem Biermann-Essay: »Hanns Eisler war einer, der vor Talenten keine Angst hatte. Er erkannte in Biermann einen Künstler, der dem Sozialismus nützen konnte. Als Biermann ihm seine Ballade vom Fernfahrer Bruno vorsang, (…) stutzte Eisler zunächst. Schweigend hörte er sich weitere Lieder an. Überzeugt schien er noch nicht. Ein pubertärer Ton störte ihn. Beim nächsten Treffen gestand er ein, daß sein erster Eindruck falsch gewesen sei. Fortan betrachtete er Biermann als Freund. Er besorgte ihm Auftritte vor der Parteiprominenz, er setzte sich für seine ›Karriere‹ ein. Er diskutierte mit Biermann über dessen Lieder. Ohne eigentlichen Kompositionsunterricht von ihm zu bekommen, lernte Biermann von Eisler eine Menge.« (Der nicht nur textunterstützende, sondern oft kontrastierende, »dialektische« Einsatz von Musik wäre hier etwa zu nennen.)

Der Bau der Berliner Mauer läßt den 25jährigen erstmals am »real existierenden Sozialismus« zweifeln. Er versucht seine Kritik mit dem Theaterstück ›Berliner Brautgang‹ im mit Freunden gegründeten ›Berliner Arbeiter- und Studententheater (b.a.t.)‹ zu artikulieren, doch noch vor der Premiere wird es geschlossen. Die Zeit der teilweisen und temporären Auftrittsverbote für Biermann beginnt. Man scheint sich im Politbüro nicht ganz im klaren darüber zu sein, was man von dem jungen Barrikadenstürmer zu halten hat (der den Altbonzen in einem Gedicht zuschreit: »Setzt eurem Werk ein gutes Ende / In dem ihr uns / Den neuen Anfang laßt!«). So schließt man ihn 1963 aus der SED aus, erteilt ihm aber auch die Ausreiseerlaubnis für eine BRD-Tournee, die für Biermann zu einem triumphalen Erfolg wird. Begegnet Biermann, der um die DDR-Repressalien nur zu gut weiß, den ersten Verleger-Angeboten aus der BRD noch zögernd, gibt er 1965 doch seinen Widerstand auf: Die LP ›Wolf Biermann (Ost) zu Gast bei Wolfgang Neuss (West)‹, ein Livemitschnitt eines Konzerts in Frankfurt am Main, und sein erster Gedichtband erscheinen. Der erste Schritt zum lebenden Klassiker der Linken ist getan (ein Ziel, das Biermann, der sich gerne mit Villon und Heine in eine Reihe stellt, noch heute streng verfolgt). Die DDR-Schelte an dem von »monopolbourgeoiser Kritikerhand« Gestreichelten bleibt nicht aus: »Der Skeptizismus hindert Biermann, den Humanismus unseres Staates zu begreifen. Offenkundig will Biermann den Sozialismus ohne Führung aufbauen«, stellt das Parteiorgan ›Neues Deutschland‹ fest.

Für Biermann und die inzwischen allgemein aufmüpfig gewordene DDR-Jugend fällt schließlich der Hammer im Dezember 1965 auf dem 11. Plenum des Zentralkomitees der SED. Nach eingehender Biermann-Schelte, der »Leben und Tod seines von den Faschisten ermordeten Vaters« verrate, erklärt der Vorsitzende Erich Honecker, wo die Wurzel des Übels zu finden ist: »[Es gab] im Zentralrat der Freien Deutschen Jugend eine fehlerhafte Beurteilung der Beat-Musik (…) Sie wurde als musikalischer Ausdruck des Zeitalters der technischen Revolution ›entdeckt‹. Dabei wurde übersehen, daß der Gegner diese Art Musik ausnutzt, um durch die Übersteigerung der Beat-Rhythmen Jugendliche zu Exzessen aufzuputschen. Der schädliche Einfluß solcher Musik auf das Denken und Handeln von Jugendlichen wurde grob unterschätzt.« Daß der sich von jeher nur auf der Gitarre begleitende Biermann nichts mit dieser Musikrichtung gemein hat und trotzdem anders denkt, fällt nicht ins Gewicht. Eine Eiszeit ungekannten Ausmaßes bricht für die DDR-Intelligenz an. Der mit Auftritts- und Publikationsverbot belegte Biermann kann sich nur noch im Ausland zu Wort melden. So etwa per Tonband in der Satire-Sendung des Hessischen Rundfunks ›Bis zur letzten Frequenz‹, in der das hier abgedruckte Lied im April 1968 erstmals zu hören ist.

Der führende Kopf der sich aus der Studentenbewegung entwickelnden ›Außerparlamentarischen Opposition (APO)‹, Rudi Dutschke (1940–1979), wird am 11. April 1968 von dem 23jährigen Hilfsarbeiter Josef Bachmann auf offener Straße angeschossen (Dutschke stirbt an den Spätfolgen dieses Attentats). Biermann sieht darin zu Recht die Eskalation der Hetzkampagne eines hilflosen Staates, der mit Notverordnungen auf die Einklage einer politischen Auseinandersetzung mit Vergangenheit und Zukunft deutscher Geschichte seitens der Jugend reagiert. Mit einem Kanzler, der wie der angesprochene Kurt-Georg Kiesinger eine vieldiskutierte Nazi-Vergangenheit aufweist, und dem Berliner Bürgermeister Klaus Schütz, der sich mehrfach verbale Ausfälle gegen die linken Demonstranten erlaubt hatte, ist keine Diskussion möglich. Unerträglich wird das herrschende restriktive Klima aber erst durch die Springer-Presse, die mit Schlagzeilen wie »Stoppt den Terror der Jung-Roten jetzt!« legalisierte Volksverhetzung betreibt.

Hildegard Knef: Fragebogen

Diesen Fragebogen füll'n Sie bitte aus,
Denn nur so finden wir heraus,
Was Sie denken, was Sie fühlen,
Was Sie glauben, was Sie tun,
Ob Sie rechts, ob Sie links
Oder allerseits immun.

Macht die Arbeit Ihnen Freude, welche üben Sie denn aus?
Sind Sie häufig in der Kreide oder aus dem Schneider raus?
Glauben Sie ans Weiterleben, möchten Sie ein eignes Haus?
Leiden Sie an Depressionen, kenn'n Sie sich in Deutschland aus?
Fühlen Sie sich überfordert, sind Sie rundherum gesund?
Wär' ein Kaiser Ihnen lieber, hab'n Sie Katze oder Hund?
Wie oft wechseln Sie den Partner, kleiden Sie sich oftmals bunt?
Liefen Sie schon einmal Amok und, wenn ja, was war der Grund?
Unvermeidlich, unausweichlich kommen wir zu Absatz zehn,
Und erst hier wird sich entscheiden, ob Sie unsren Test bestehn.
Die Erforschung Ihrer Meinung ist ein nationales Muß!
Eine leserliche Druckschrift wird gewertet als ein Plus.

Nennen Sie in knappen Worten, welcher Tick, welche Manie
Dumpf in Ihrer Seele horten. Welchen Wagen fahren Sie?
Sind Sie stolz auf irgend etwas? Glauben Sie, wer will, der kann?
Und seit wann sind Sie versichert? Geben Sie Ihr Alter an!
Was verstehn Sie unter Liebe, haben Sie das Abitur?
Üben Sie sich in Karate, wohin gehen Sie zur Kur?
Wären Sie des Mordes fähig, spielen Sie ein Instrument?
Haben Sie ein Buch gelesen, sind Kommunen dekadent?
Sind Sie männlich oder weiblich, wie seh'n Sie den Unterschied?
Auf was hoffen Sie vergebens, kennen Sie ein Heimatlied?
Essen Sie gern vegetarisch, leiden Sie an Selbstkritik?
Was versteh'n Sie unter »arisch«, hören Sie oft Marschmusik?
Was ist Ihre Lieblingsfarbe, denken Sie zuweilen nach?
Und wenn ja, erklär'n Sie bündig, was dafür, dagegen sprach.

Wie oft wechseln Sie den Wohnsitz, planen Sie ein Attentat?
Meinen Sie, daß Frauen dumm sind? Nennen Sie uns ein Zitat!
Glauben Sie, Gewalt sei schädlich, wieviel Stunden schlafen Sie?
Finden Sie den Fortschritt löblich, brauchen wir die Infantrie?
Geh'n Sie manchmal ins Theater, ist der Strafvollzug gerecht?
Welchen Dienstgrad hat Ihr Vater? Glauben Sie, der Mensch ist schlecht?

Und jetzt komme ich zu Worte, ich, die Ihnen Antwort stand:
Da Sie denken, daß Sie wissen, was ich wo und wie empfand,
Ob ich der Gemeinschaft nützlich und genehm dem Vaterland,
Möchte ich so trefflich sagen, was bereits bei Goethen stand!
Sollt' es Ihnen nicht gelingen, meinen Hinweis zu versteh'n,
Bitt' ich Sie, bei Berlichingen unverzüglich nachzuseh'n:
Dritter Akt und vierte Szene weisen Sie verläßlich ein!
Und ich stimme, nota bene, in den Ausspruch, der nicht fein!

Wird das politische Chanson nun weitgehend von Liedermachern wie Biermann, Franz-Josef Degenhardt (*1931) oder Hannes Wader (*1942) bestimmt, ist das lyrische Chanson in Deutschland mehr und mehr dem Schlager anheimgefallen. Alexandra darf sich da mit dunkler Stimme um ihren *Freund, den Baum* grämen, Dalia Lavi fragt *Oh, wann kommst du,* und Udo Jürgens verbreitet bis heute pseudo-engagierte Weisheiten der Binse (teils assistiert vom Kabarett-Altmeister Hachfeld). Sie alle tragen ganz sicher zu einer Veredelung des Schlagers in Deutschland bei (der ansonsten auf dem Niveau *Wir lassen uns das Singen nicht verbieten* spaßmilitant ins Abseits marschiert).

Es gibt aber eigentlich nur eine Sängerin der 60er und 70er Jahre, die es schafft, den Begriff des Chansons in Deutschland noch einmal populär zu machen: die Königin des »kalten Kitsches« Hildegard Knef (*1925). Auch sie singt Schlagerhaftes *(Er war nie ein Kavalier, Und der Mann mit der Harmonika),* doch ihre interessante, weil kaum vorhandene Singstimme, gepaart mit einem perfekt beherrschten, fast ruppig-abweisenden Understatement des

Vortrags läßt sie nie in den Verdacht der schnöden Hitlisten-Anbiederung kommen (auch wenn sie die ersten Plätze regelmäßig belegte). Mit ihren ab 1966 fast ausschließlich selbst geschriebenen Texten schafft sie es außerdem, einen unverwechselbaren, eigenen Sprachstil zu prägen (der gerne mal auf die deutsche Grammatik pfeift). Darüber hinaus dient der Knef das selbstgeschriebene Chanson weniger zur globalen Weltschau denn zum Transport der eigenen biographischen Erfahrungen (ein Weg, den sie konsequent fortführt mit ihren früh geschriebenen Bestseller-Memoiren-Bänden und der vielleicht eine etwas eigene Deutung der 68er-Devise »Auch das Private ist politisch« darstellt). Die Knef schafft damit in Deutschland die scheinbar unauflösbare Verbindung von Personenkult und Chanson, wie sie noch heute die Chansonszene prägt (und die eher der Idee des amerikanischen Entertainments und der One-[Wo]Man-Show entspringt).

Der Karriere als Chansonsängerin und -texterin waren schon andere, ebenso erfolgreiche vorausgegangen: Nach ihrer 1942 bei der Ufa begonnenen Ausbildung zur Trickfilmzeichnerin wechselt sie in die Schauspielklasse der Staatlichen Filmschule unter Else Bongers, der sie sich mit einem schlichten »Ich bin begabt, ich weiß es« vorgestellt hatte. Ihre tatsächlich vorhandene Begabung kann die ehrgeizige Knef erstmals richtig 1946 in der weiblichen Hauptrolle des ersten deutschen Nachkriegsfilms ›Die Mörder sind unter uns‹ beweisen. Nach weiteren Filmen (unter anderem ›Film ohne Titel‹ von 1947, für den sie in Locarno ihre erste Auszeichnung erhält) gilt sie bald als »Trümmerstar« und als *das* neue Gesicht des deutschen Films. Sie folgt einem ersten Ruf nach Hollywood, das ihr keine nennenswerten Aufgaben überträgt, sie aber mit vielen Emigranten bekannt macht, so mit der ihr ein Leben lang verbundenen Marlene Dietrich. Sie kehrt 1950 nach Deutschland zurück und dreht unter der Regie von Willi Forst ›Die Sünderin‹. Eine sekundenlange Nacktszene und die Themen Prostitution und Selbsttötung bieten der nach Reinwaschung gierenden deutschen Volksseele hier eine willkommene Gelegenheit zur selbstgerechten und moralischen Entrüstung und setzen die Knef einer ungeheuren, sie mit ihrer Rolle identifizierenden Hetzkampagne aus. Sie geht wieder nach Hollywood, wo sie als Hildegarde Neff endlich den ersehnten Erfolg hat, kehrt als Star für einige Filme nach Europa zurück, um schließlich 1956 für 675 en suite gespielte Vorstellungen am Broadway in Cole Porters ›Silk Stockings‹ zu landen. Sie bellt sich durch die Vorstellungen – an eine Chansonkarriere kann hier niemand ernsthaft geglaubt haben. 1958 dann nimmt der in sie verliebte Boris Vian in Paris zwei noch heute begehrte Jazz-Chanson-Singles mit ihr auf, 1962 wirkt sie gar in der verunglückten Neuverfilmung der ›Dreigroschenoper‹ mit. Sie besingt erste Singles in Deutschland, die auf Anhieb Erfolg haben – der Beendigung ihrer sie nicht mehr befriedigenden Filmkarriere steht nichts mehr im Wege. Die in den New Yorker Clubs entwickelte Liebe zum Jazz läßt Hildegard Knef in Deutschland auf hiesige Größen der Szene für ihre Auftritte zurückgreifen. Nach den Anfangsjahren mit der Günter-Noris-Combo schafft das Kurt-Edelhagen-Orchester ihr den nötigen, perfekt arrangierten Spielraum für ihre energiegeladenen Chansoninszenierungen. Ihr in brodelnde Gestaltungskraft umgelenktes Lampenfieber lassen ihre Konzerte zum Erlebnis werden. Ihre unprätentiöse, direkte Art führt ihr zudem ein junges Publikum zu, das zwar nicht mit den Studentenrevolten direkt sympathisiert, eine Veränderung des spießbürgerlichen Klimas aber durchaus herbeisehnt. Mit ihrer 1970 veröffentlichten Erfolgsbiographie ›Der geschenkte Gaul‹ und mehr noch mit ihrer nach überstandener Krebserkrankung geschriebenen Abrechnung ›Das Urteil oder der Gegenmensch‹ hält sie – trotz aller Nabelschau – ihrer Generation den Spiegel vor. Sie ist gefeierte Autorin und verhaßte Zeitgenossin zugleich. In den letzten Jahren ehrt man in der Knef den einzigen Weltstar, den Deutschland, neben der Dietrich, hervorgebracht hat. Und auch ihre Produktivität verebbt – trotz ständiger Gesundheitsprobleme – nicht: 1999 bringt sie mit Jazz-Trompeter Till Brönner ein vielbeachtetes und zu Recht hochgelobtes Album mit teilweise neuen Texten heraus. Den *Fragebogen,* vertont von Hans Hammerschmid (*1930) in einer Mischung aus Marsch und Squaredance, schrieb die interviewgeplagte Knef 1972 für ihr Album ›Und ich dreh' mich nochmal um‹.

Konstantin Wecker: Frieden im Land

Das Land steht stolz im Feiertagsgewand.
Die Zollbeamten sind schön aufgeputzt.
Sogar die Penner haben Ausgang, und am Rand
Sind ein paar Unverbesserliche noch verdutzt.
Die alten Ängste, pittoresk gepflanzt,
Treiben sehr bunte neue Blüten.
Die Bullen beißen wieder, und der Landtag tanzt.
Endlich geschafft: Ein Volk von Phagozyten.
Jetzt ist es allen klar: Der Herr baut nie auf Sand.
Es herrscht wieder Frieden im Land.

Vereinzelt springen Terroristen über Wiesen.
Wie chic. Die Fotoapparate sind gezückt.
Die alten Bürgerseligkeiten sprießen,
Die Rettung, Freunde, ist geglückt.
Die Schüler schleimen wieder um die Wette.
Die Denker lassen Drachen steigen.
Utopia onaniert im Seidenbette,
Die Zeiten stinken, und die Dichter schweigen.
Wie schön, daß sich das Recht zum Rechten fand:
Es herrscht wieder Frieden im Land.

Ich will mich jetzt mit einem runden Weib begnügen.
Drei Kinder zeugen, Eigenheime pflanzen und
Die Menschheit endlich mal um mich betrügen.
Wohin denn leiden – schließ mir, Herr, den Mund.
Wirf mir die Augenbinden runter und den Stirnverband:
Es herrscht wieder Frieden im Land.

Das Jahr 1977 gestaltet sich für die BRD zum traumatischen Höhepunkt der brutalen RAF-Entführungsserie, die das Land seit einigen Jahren verunsichert. Glaubte der Staat 1975 bereits mit dem Terroristen-Prozeß gegen die Baader-Meinhof-Gruppe in Stuttgart-Stammheim das Kräftespiel für sich entschieden zu haben, erschüttert im April 1977 die Ermordung des Generalbundesanwalts Siegfried Buback und im September die Entführung des Arbeitgeberpräsidenten Hanns-Martin Schleyer die Nation. Im Oktober wird ein neuer Terror-Schauplatz eröffnet: In Mogadischu gelingt es einer Spezialeinheit des Bundesgrenzschutzes, der GSG 9, die Passagiere einer entführten Lufthansamaschine zu befreien (die Entführer hatten die Freilassung der inhaftierten deutschen Terroristen verlangt). Fünf Tage später findet man Andreas Baader und Jan-Carl Raspe erschossen, Gudrun Ensslin erhängt, Irmgard Möller schwer verletzt in ihren Stammheimer Zellen. Wiederum einen Tag später wird Schleyers Leiche gefunden. Die SPD/FDP-geführte Regierung erläßt in der Folge Anti-Terror-Gesetze, in der viele einen ersten Schritt hin zum Polizeistaat fürchten.

Der Liedermacher, der diese Ängste seiner Generation am treffendsten formuliert, ist der Münchener Konstantin Wecker (*1947). Auch für ihn ist das Jahr 1977 ein bedeutsames: Gerade hat er den vom Mainzer ›unterhaus‹ vergebenen Deutschen Kleinkunstpreis in der Sparte Chanson erhalten, und sein Anti-Nazi-Epos *Willy* wird zum Pazifisten-Hit. Wie auch mit dem hier ausgewählten, ebenfalls 1977 erschienenen Lied erweist sich Wecker als musikalisch-politischer Seismograph, haut mit seiner enormen Kraft und Körperlichkeit Bekenntnisse zu wahrer Demokratie und Freiheit heraus, daß es manchem Zuhörer schon unangenehm ist. Hier steht nicht mehr der analysierende Kleinkünstler auf der Kellerbühne, hier nimmt jemand alles persönlich und läßt seiner »Betroffenheit« freien Lauf. Seine fundierte musikalische Ausbildung läßt Weckers Kompositionen und Bandarrangements, die zwischen Orffscher Tonsprache und hörbarer Liebe zum Jazzpop stehen, über das Gros der klampfezupfenden Liedermacher weit hinausragen. Doch lassen Weckers Fabulier- und Spielfreude ihn auch oft unbeirrt in die Falle des Kitsches rennen: da »lächeln Pinien« und »der Mittag schminkt sich«, und musikalisch gerät ihm manches zur Fahrstuhlmusik der Toskana-Fraktion. Trotz allem ist Wecker, auch ob seiner Vielseitigkeit, eine feste Größe deutscher Unterhaltung und einer der großen Moralisten unserer Zeit.

Hans Magnus Enzensberger: In zehn Sekunden ist alles vorbei

Himmelblauer Himmel
Nachmittags um vier,
Eiskaffee, Gewimmel,
Großes Tanzturnier.

Tangotänzer fliegen
Über das Parkett,
Liebespaare liegen
Seelenruhig im Bett.

Aber mir kommt das alles so komisch vor,
Denn ich hör eine Stimme, die sagt mir ins Ohr:
ACHTUNG, ACHTUNG! HIER SPRICHT DIE DIREKTION.
KEIN MENSCH KOMMT MIT DEM LEBEN DAVON.

Dicke Männer sitzen
In schmuddligen Büros,
Trinken Bier und schwitzen,
Völlig ahnungslos.

Frisch gestrichene Leute
Sonnen sich im Park.
Da bestellt sich heute
Keiner einen Sarg.

Aber mir, nein, mir macht keiner was vor,
Denn die Stimme, die Stimme schreit mir ins Ohr:
ACHTUNG, ACHTUNG! HIER SPRICHT DER PRÄSIDENT.
DAS WEISSE HAUS IN WASHINGTON BRENNT.

Rentnerinnen stricken,
Trinken Kirschlikör,
Und die Eltern schicken
Ihre Kinder zum Friseur.

Sonderangebote,
Sommerschlußverkauf.
Die belegten Brote
Ißt heut keiner mehr auf.

Denn ich hör sie singen, sie singen im Chor,
Die Stimmen, die Stimmen in meinem Ohr:
ACHTUNG, ACHTUNG! HIER SPRICHT DIE POLIZEI.
IN ZEHN SEKUNDEN IST ALLES VORBEI.

Himmelblauer Himmel,
Und ich warte hier,
Warte im Gewimmel,
Nachmittags um vier,
Um vier,
Um vier …

Als »Kind von Brecht und Marlene« haben Pariser Kritiker sie 1978 bezeichnet (was die greise Dietrich dazu veranlaßt haben soll, eines ihrer Konzerte zu besuchen): Ingrid Caven (eigentlich Ingrid Schmidt, *1938). Und tatsächlich vereint sie in sich das unnahbar-laszive Diventum der Dietrich mit der sperrigen Härte des deutschen Enfant terrible. »Ein Phantom der dreißiger Jahre, das die achtziger vorausnimmt (…) in dessen Gesicht die schwarze Fackel expressionistischer Verzweiflung lodert.« Diese Elogen bekommt sie anfangs nur in Frankreich zu lesen. In Deutschland wird sie lediglich als eine der exzentrischen Typen behandelt, die sich um den Regisseur und Schauspieler Rainer Werner Fassbinder (1946–1982) und sein 1968 gegründetes ›antiteater‹ gruppieren. Dort debütiert die studierte Lehrerin neben Hanna Schygulla in

Anouilhs ›Antigone‹ unter der Regie ihres späteren Leibkomponisten Peer Raben (*1940). Ein Jahr darauf beginnt sie ihre bis heute andauernde Filmkarriere mit Fassbinders Langfilm-Debut ›Liebe ist kälter als der Tod‹. Auch wenn sie immer nur in interessanten Nebenrollen zu sehen ist, hinterläßt die Caven mit ihrer somnambul-verschleppten Spiel- und Sprechweise einen bleibenden Eindruck. 1975 hört man sie erstmals ein Chanson in Fassbinders Film ›Mutter Küsters Fahrt zum Himmel‹ vortragen. Ob dies die Initialzündung für ihre neue Karriere gab, ist nur eine Vermutung. Tatsache ist, daß ihr erster öffentlicher Auftritt als Chansonniere (mit von Raben vertonten Texten Wolf Wondratscheks und ihres temporären Ehemanns R.W. Fassbinder) 1976 im Nationaltheater München keine größere Beachtung findet. Da trifft es sich gut, daß der von ihren Filmauftritten hingerissene Modeschöpfer Yves Saint Laurent sich anbietet, ihr Chansonprogramm in Paris zu produzieren. Cavens für zwölf Wochen ausverkaufte Vorstellungen im Pariser Cabaret ›Au Pigall's‹ werden zu einem triumphalen Erfolg und begründen ihren Ruf als Lichtgestalt des neuen deutschen Chansons (denn sie wagt es, in Paris deutsch zu singen). Wie schon bei Romy Schneider ist die Begeisterung der Franzosen ein Gemisch aus Faszination für die schöne deutsche Bestie aus dem Feindesland wie auch ehrliche Honorierung für eine Künstlerin, die sich mit totaler Leidenschaft ihrer beruflichen Obsession hingibt. Die Expressivität ihrer Chansoninterpretation, in der unvermittelt Schreie aus tranceähnlicher Scheu hervorbrechen können, macht es der Caven anfangs beim zugeknöpfteren deutschen Publikum schwer. Sie bleibt ein Geheimtip für Intellektuelle. 1979 hört der deutsche Dichter Hans Magnus Enzensberger ihren Schallplatten-Mitschnitt aus dem ›Pigall's‹ und schreibt spontan für sie einige Texte, die er ihr schickt. Nach Cavens Auskunft verwirrten diese Texte sie stark, denn Enzensberger schien mit seiner Chansonlyrik ihre Seele zu begreifen, ohne je ihre Bekanntschaft gemacht zu haben: »Man hofft doch immer, daß man sich etwas verstecken kann vor den anderen« (Caven im FAZ-Magazin, 7. März 1980). Trotzdem beschließt sie, diese Texte von Peer Raben vertonen zu lassen, und macht sie zum Kernstück ihrer ersten Studio-LP ›Der Abendstern‹, die noch heute als Meilenstein des deutschen Chansons gilt. Für den hier ausgewählten Text, in dem Enzensberger das heißdiskutierte Zeitthema »Atomarer Overkill« mit Kritik an der problemverdrängenden bürgerlichen Gesellschaft verbindet, wählt Raben einen forschen Tangorhythmus. Die Caven dehnt genüßlich die Vokale, verfärbt sie bis zur Unkenntlichkeit, läßt die Sprache Tango tanzen – um im nächsten Moment (begleitet von monotonen Morsesignalen) die »letzten Meldungen der Menschheit« als Belanglosigkeit zu verkaufen. Das ist spannungsvolle, hörbar gemachte Ratlosigkeit, eine neue Form der lyrischen Zeitkritik – ohne den gutmenschlichen Zeigefinger der Liedermacher und Songpoeten.

Natürlich ist das alles nicht frei von Manierismen: Raben, der vor allem durch seine Filmmusiken für die Fassbinder-Filme Weltruhm erlangt hat, wiederholt sich gerne in Harmonien und Arrangements, seine dekuvrierend gemeinten Anleihen bei der deutschen Volksmusik wirken auf Dauer bemüht. Und je expressionistischer der Vortragsstil, desto höher die Gefahr der Peinlichkeit bei nicht hundertprozentiger Konzentration und Stilsicherheit. Auch die Karriere der Caven ist nicht frei von diesen Abstürzen. Gelingen ihr Mitte der 80er Jahre die Interpretationen von Piaf-Chansons auf französisch und deutsch (in vorzüglichen Erstübersetzungen) noch in intensiver und ergreifender Authentizität, so enttäuscht sie inhaltlich wie stimmlich mit ihrer bislang letzten CD ›helle nacht‹ (1998). Was mit den Dichter-Textern der 70er gut begann, nämlich erstmals vertonte hohe Lyrik aus der deutschen Tradition des Kunstliedes herauszulösen, gerät ihr nun (besonders mit den übersetzten Texten des französischen Lyrikers und Caven-Biographen Jean-Jacques Schuhl) immer mehr zum epigonalen »Hurz« (um einen Sketch des Komikers Hape Kerkeling zu bemühen). Ihr Mut zum Extrem und zum Nonkonformen aber, der nur das persönliche Kriterium zu kennen scheint, bleibt zu bewundern und beeinflußt bis heute viele männliche wie weibliche Chansonniers.

Wolfgang Franke: Das deutsche Normgesicht

Wie mal ich dich, du deutsche Durchschnittsgröße?
Als deutsche Mutti oder deutschen Mann?
Mehr Richtung Knödel oder Richtung Klöße?
Weiß- oder Blutwurst? Tja, wie fang ich's an?
Soll ich dich malen oder lieber puzzeln,
Als Fahndungsbild ertasten, Stück um Stück?
Nein, dadurch würde ich dich nur vermasseln,
Im Fahnden liegt ja für dich selbst ein Glück.
Soll ich dich konstruieren als Collage
Aus Weizsäckers – aus Richard und Carl Friedrich?
Das ist zu hoch. Aus HSV-Bagage
Und Bayern-Mob? Nein, das wär wohl zu niedrig.
    Ich finge gerne alles ein,
    Was wieder stolz sein Haupt erhebt,
    Ganz eins mit seiner Führung lebt,
    Stolz, deutsch und deutsch regiert zu sein.

Wie bist du durchschnittsweis reproduzierbar?
Mit Fernbedienung und NN-Dekor?
In rustikal, im Dunst der Kellerbierbar?
Im Rasengrün, drauf sich kein Blatt verlor?
In Treppenhäusersauberleckdienstplänen,
In Hundekot, der alle Straßen füllt?
Als Traumschiffbräune, feucht von Simmeltränen?
Als Quick, als Bravo, Bunte oder Bild?
Zeig ich dich am Volant bei hundertsiebzig,
Die Lichthupaugen sieghaft geradeaus?
In fremdem Lande gar? – In Schwimmshorts schiebt sich
Der Bildungstreck durchs Axel-Munthe-Haus.
    Ich finge gerne alles ein,
    Was wieder stolz sein Haupt erhebt,
    Ganz eins mit seiner Führung lebt,
    Stolz, deutsch und deutsch regiert zu sein.

Mal ich dich aus als Aschermittwochstreffen,
Als Schützenkompanie, im Gleichschritt marsch,
Als Schäferhundezuchtverbandstagskläffen,
Als Arbeitswelt: »Zisch ab, du Türkenarsch!«?
Zeig ich dich auch vielleicht am Straßenrande
Und Demonstranten in der Straßenmitte?
Und schon geht's los mit »Gas!« und »Schweinebande!«
Und nach Majdanek sind's nur ein paar Schritte.
    Ich finge gerne alles ein,
    Was wieder stolz sein Haupt erhebt,
    Ganz eins mit seiner Führung lebt,
    Stolz, deutsch und deutsch regiert zu sein.

Ich kenne deine angestammten Farben,
Sie heißen Schwarz und Gold und Wüstenrot,
Und wer drauf schwört, der soll fürwahr nicht darben,
Und wer es nicht tut, ist wohl besser tot.
Du machtgewordnes deutsches Normgesicht,
Wie mal ich dich in deiner Durchschnittshelle?
Gibt es dich wirklich, oder gibt's dich nicht?
Es gibt dich, und demnächst sogar bei Quelle.
    Es ist was da. Noch steht's verborgen stramm,
    Und auch wenn's locker steht, sieht's aus wie: »Rühren!«
    Ich fass' es nicht, ich krieg's noch nicht zusamm',
    Und kann es doch mit allen Sinnen spüren.

1983 verabschiedet sich die große Diseuse des deutschen Kabarettchansons Lore Lorentz (siehe Seite 128ff.) aus dem Ensemble-Verband des Düsseldorfer ›Kom(m)ödchens‹. Schon 1964 war sie mit einem Ausflug als »Jenny« in der ›Dreigroschenoper‹-Inszenierung des Düsseldorfer Schauspielhauses fremdgegangen und hatte sich 1977 gleich zweimal solo auf die ›Kom(m)ödchen‹-Bühne gewagt (mit dem Geburtstags-Programm ›Das gestrichene M‹ und dem von Martin Morlock für sie geschriebenen Solo ›Lore Lorentz präsentiert die Pürkels‹). Für die letzten Produktionen hatte sich Kay Lorentz ohnehin dazu entschieden, seiner Frau nur noch einen Partner zur Seite zu stellen, nämlich den jungen Thomas Freitag (*1950), der später von Michael Quast (*1959) abgelöst wurde. Der von der Lorentz sehr geschätzte Bühnenkollege Werner Schneyder (*1937) erzählt in einem Interview: »Ich glaube, ich war einer der wesentlichen Leute, die der Lore Lorentz zugeredet haben, Soloprogramme zu machen, weil die Lore in das Ensemble nicht mehr hineingepaßt hat. Sie nicht mehr zum Ensemble, das Ensemble nicht mehr zu ihr! Das war einfach nicht mehr machbar, und die Lore Lorentz war eben eine Frau, die einen Abend tragen konnte, was ja beim Solo immer das Entscheidende ist (…) Bei Lore Lorentz hat mich fasziniert – das erzähle ich immer wieder: Sie war schon sehr alt, sehr krank und sehr müde, und wenn sie am Abend ins Kabarett-Theater gegangen ist (…) hat sich eine uralte Frau die Stiegen heraufgequält, und ich habe mir gedacht, liebes, altes Mutterl, warum machst du es noch, du mußt ja nicht (…) Aber die Lore Lorentz ging in ihre Garderobe, und eine halbe Stunde später kam sie heraus, zugeschmiert und mit den falschen Wimpern und den Haaren, und es war die Lorentz: alterslos, völlig alterslos! Es war einfach eine Marke, das war Qualität, das war eine Figur, es war einfach toll.« Für ihr Programm ›Eine schöne Geschichte‹ (1984) schreibt Schneyder ihr das autobiographische Chanson *Die Wut ist jung*, orientiert an ihrem sie am Leben erhaltenden Motto »Wenn ich mich nicht mehr drüber aufregen kann, dann geh' ich nicht mehr auf die Bühne«: »Ich bin westlich und festlich / Und finde es köstlich / Ein Kleid von Cerutti zu tragen / Doch ich kann nicht für mich bürgen / Und denk an Erwürgen / Seh ich die richtigen Kragen«. Die restlichen Texte dieses – im Untertitel ›Eine historische Stunde im Kom(m)ödchen‹ benannten – Streifzugs durch die Geschichte (und ihrer aktuellen deutschen Nachwehen) schreibt Wolfgang Franke (1935–1988). Seit 1962 Autor des ›Kom(m)ödchens‹, geht Franke wohl die engste Verbindung mit dem Haus ein: Er wohnt buchstäblich Wand an Wand mit dem Kabarett und schreibt – so will es die von Michael Quast überlieferte Anekdote – seine Texte auf einer auf dem Fensterbrett montierten Schreibmaschine im Stehen, mit dem Blick auf Heines Geburtshaus. Brillante Texte, die der Lorentz wie ein Handschuh passen: »Am meisten freut es mich«, verrät Franke in seinem Vorwort zur Buchausgabe des Programms, »wenn Leute glauben, ihr falle alles, was sie auf der Bühne sagt – zumindest die Prosa –, im Augenblick ein. Etwas Schöneres kann den Texten eines Autors nicht passieren. Auch hier ist Eitelkeit nicht am Platz. Der Eindruck ist erkauft damit, daß ihr wirklich jeden Abend eine Menge einfällt – bis zu zehn von hundert Minuten, und das ist enorm viel. Das mischt sie dann unter das Vorhandene wie ein Treibmittel – Treibsatz, wenn Sie wollen –, und dann geht das Ganze aufs spontanste auf. Oder los, wenn Sie wollen. Der Autor, der am Abend jedes Komma wiederhören möchte und nichts als das, der ist bei ihr schlecht aufgehoben. Aber der hat ohnehin beim Kabarett nicht viel verloren. Echte Kabarettisten sind die, die mit Texten so umgehen können, als wären sie von ihnen selbst. So pfleglich und so hart. Lore Lorentz ist die Kabarettistin schlechthin. Was die Lieder betrifft, da ist sie die Getreueste der Getreuen, die Genaueste der Genauen. Da sitzt jeden Abend alles haargenau gleich – messerscharf und seidenweich. Und doch in weitesten Grenzen moduliert von der Stimmung des Abends, die immer wieder anders ist.« Die Musik zum hier abgedruckten Franke-Lorentz-Chanson stammt von Christoph Pauli (*1954).

Lore Lorentz (80er Jahre)

Norbert Bischoff: Sind wir noch zu retten

Sind wir wirklich noch zu retten
Oder alles längst gewohnt
Leb'n wir schon im siebten Himmel
Oder etwa hinterm Mond

Sind wir auf dem graden Wege
Oder auf der schiefen Bahn
Tanzen wir noch aus der Reihe
Oder schon auf dem Vulkan

Ach, was sind wir doch genial
In diesem Jubeljammertal
Wir pfeifen auf dem letzten Loch
Doch wir leben immer noch

Bauen wir noch auf die Zukunft
Oder auf die Polizei
Hör'n wir noch auf die Signale
Oder auf den letzten Schrei

Hab'n wir noch was auf dem Kasten
Oder nur 'n Brett vorm Kopf
Häng'n wir noch an unserm Leben
Oder schon am Wohlstandstropf

Ach, was sind wir doch genial …

Sind wir wirklich noch zu retten
Oder tun wir so als ob
Hab'n wir Spaß bei unsrer Arbeit
Oder hab'n wir nur 'n Job

Halten wir uns an die Linie
Oder gehn wir auf den Strich
Könn' wir noch aus uns was machen
Oder jeder nur für sich

Ach, was sind wir doch genial ...

Im heißen Herbst '89 machten wir in diesem Land eine Tour, die ich so schnell nicht vergessen werde. Die Leute in den Theatern sind aufgestanden, weil sie sich nicht anders bedanken konnten. Und wir wußten nichts mehr zu spielen auf der Bühne, und da haben wir uns hingekniet, weil wir ja bereits standen, wir konnten nicht mehr aufstehen. Das war fast eine surreale Situation. Da steht ein ganzes Theater in Eisenach auf, und die Künstler auf der Bühne knien sich vorm Publikum hin. Ein Großteil der Leute, die da drinnen waren, haben geheult.« Diese eindrucksvolle Szene beschreibt die DDR-Sängerin Barbara Thalheim (*1948) in einem Interview 1991, zwei Jahre nach dem Fall der Mauer. Die Liedermacher und Chansonsänger der DDR hatten einen großen unterstützenden Anteil an der friedlichen Revolution, die den SED-Staat ab Sommer 1989 zum Stürzen brachte.

Mit der willkürlichen und feigen Ausbürgerung des unliebsamen Wolf Biermann 1976 trat die DDR-Führung eine Protestwelle ungekannten Ausmaßes in Ost und West los. Viele einheimische Künstler gingen nach dieser Maßnahme auf betont kritischen Abstand zum Staat, manche (wie die Sänger-Schauspieler Manfred Krug, Eva-Maria Hagen und ihre Tochter Nina) verließen ihn ganz oder wurden ebenso infam herausgedrängt (wie die Liedermacherin Bettina Wegner). Nach außen hin gibt man sich international, etwa mit dem Berliner Festival des politischen Liedes, das seit 1970 existiert und mit Teilnehmern aus bis zu 30 Ländern glänzt (unter anderem Mercedes Sosa, Hermann van Veen, Konstantin Wecker, Heinz-Rudolf Kunze, Ute Lemper). Die Auftritte der DDR-Künstler dagegen werden streng zensiert, denn der Staat spürt die Macht der Liedermacher: »Man fühlt sich als Interpret in den Konzerten oft wie auf der Kanzel. Die Suche des Publikums nach jemand, von dem es annimmt, daß er weiß, wie das Leben so geht, ist unheimlich stark; die Menschen wollen angesprochen werden aufs Leben und die Bewältigung von Problemen« (Barbara Thalheim, 1984). Mitte der 80er Jahre kann schließlich keine Rede mehr von einer einheitlichen Kulturpolitik sein, und die Künstler befinden sich in einer ähnlichen Situation, wie Otto Reutter sie zu Anfang des Jahrhunderts beschreibt (siehe Seite 23f.): Ein Liedprogramm, das in einem Bezirk geduldet wird, kann anderswo willkürlich verboten werden.

Unzensierte Auftritte für systemkritische Künstler waren nur noch in evangelischen Kirchen möglich, die als geduldete Enklaven einen gewissen Schutz boten. Freilich wurden auch diese Auftritte von Stasi-Mitarbeitern minutiös protokolliert, manchmal mutwillig gestört, um Auseinandersetzungen zu provozieren, die ein Eingreifen der bereitstehenden Polizei legitimierten. Die Nikolaikirche in Leipzig oder die Erlöserkirche in Berlin sind als Keimzellen des politischen Umbruchs in die Geschichte eingegangen.

Bei verschiedenen der dort stattfindenden Protestkonzerte und in diversen Resolutionen taucht immer wieder der Name eines jungen Liedermachers auf, der durch seine klare, mutige Poesie besticht: Norbert Bischoff (1959–1992). Wie auch viele andere Liedermacher der DDR beginnt er in der ›Singebewegung‹ der FDJ, die sich – staatlich instrumentalisiert – aus der auch im Westen Mitte der 60er Jahre sehr populären Folkbewegung um Joan Baez, Pete Seeger und Bob Dylan ableitet. Sein erstes Programm (1983) heißt ›Entschuldigen Sie, der Schwule bin ich‹, ein in der DDR unerwünschtes (wenn auch nicht verfolgtes) Outing. 1985 gewinnt er einen Preis bei den Chansontagen in Frankfurt an der Oder (die seit 1973 existieren und vom Arbeitskreis Chanson des Komitees für Unterhaltungskunst ausgerichtet werden). 1987 kommt es dann zur Zusammenarbeit mit der feministischen Liedermacherin Maike Nowak (die später unter dem Namen Adriana Lubowa für einigen Wirbel in der gesamtdeutschen Chansonszene sorgen sollte) sowie verschiedenen Jazz- und Rockbands. Das hier veröffentlichte Lied entstand 1988 und zeigt die inneren Kämpfe vieler

DDR-Intellektueller in dieser Zeit: Soll und kann das sozialistische Ideal erhalten werden, soll man den Staat DDR opfern oder hoffen, wie Wolf Biermann es später formulierte, auf »zwei Deutschländer, die einen edlen, friedlichen und demokratischen Wettstreit versuchen«? Am 9. November 1989 fällt die Berliner Mauer, am 3. Oktober 1990 hört die DDR offiziell auf zu existieren. Die Wiedervereinigung scheint Norbert Bischoff, wie auch vielen anderen DDR-Bürgern, den Boden unter den Füßen weggezogen zu haben: Im schlichten Überlebenskampf, der ihn mal ins Dasein als Sozialhilfeempfänger, als Schallplattenverkäufer, dann als Umschüler in Sachen Kulturmanagement wirft, kommt er kaum noch zu produktiv künstlerischer Arbeit. Das generelle Desinteresse an »Ossi«-Künstlern in der Nachwendezeit läßt den manisch-depressiven Bischoff verzweifeln; am zweiten Jahrestag der Wiedervereinigung nimmt er sich, auch aus bewußtem Protest gegen das System (wie er in seinem Abschiedsbrief schreibt) mit Tabletten das Leben.

Norbert Bischoff

Matthias Wedel: Freiheitslied

Die Freiheit kam, es klingt wie eine Fabel,
Seit neustem schlafen wir nicht mehr im Stroh
Und zeigen den Touristen unsern Nabel
Und essen schon mit Messer und mit Gabel
Und gewöhnen uns ans Wasserklo.
Die Freiheit kam, es ist um uns geschehen.
Wir tragen Nadelstreifen auf der Haut
Und lernen mühsam jetzt in Schuhen gehen.
Wir ham die Welt bis Zehlendorf gesehen
Und in Kreuzberg Hasch gekaut.
Die Freiheit kam, wir haben sie gefunden.
Man trägt die Uhr nicht mehr am Fußgelenk,
Wir riechen besser jetzt, von oben und von unten
Und kriegen Zeitungen, vornehmlich die bunten,
Und einen Kanzler zum Geschenk.
Die Freiheit kam, wir sind nicht mal erschrocken.
Eigentlich steht jetzt schon fest,
Daß man uns – wenn wir nicht länger bocken –
Obwohl wir doch noch auf den Bäumen hocken
In Europa wohnen läßt.

Die DDR wird BRDigt«, überschreibt Volker Kühn das betreffende Kapitel im letzten Band seiner ultimativen Kabarett-Textsammlung ›Kleinkunststücke‹. Und weiter schreibt er: »Die kabarettistische Aufarbeitung solch zwiespältiger Einheit unterm Kennzeichen D ist je nach Blickwinkel und Perspektive unterschiedlich. Manch Klagelied ist da zu hören. Viel Wundenlecken und Larmoyanz östlich, manch Zyne und Häme westlich der Elbe.« Die Stunde des Wolf Biermann scheint gekommen. Mit der großen Geste des Vergebens greift er in die Saiten und singt den »verdorbenen Greisen« Honecker, Krenz und Konsorten hinterher: »Wir wollen dich nicht ins Verderben stürzen / Du bist schon verdorben genug / Nicht Rache, nein, Rente / Im Wandlitzer Ghetto / Und

Friede deinem letzten Atemzug«. Daß ihm das selbstironische Lächeln dabei oft etwas zu eitel gerät, verzeihen ihm die Fans hüben wie drüben gern. Der Freudentaumel nach der Maueröffnung am 9. November 1989 hält eine ganze Weile an und läßt sogar Kanzler Kohls Versprechungen anläßlich der zügig eingeleiteten Währungs- und Wirtschaftsunion (»Es wird niemandem schlechter gehen als zuvor, dafür vielen besser«) auf arglosen Glauben treffen. Daß man bei dieser Bilanz aber nicht nur an den Osten denkt, wird allzubald klar. Der westdeutsche Innenminister Wolfgang Schäuble, der mit dem Ministerpräsidenten der DDR, Lothar de Maizière, den Einigungsvertrag aushandelt, bedient sich da schon eines eindeutigeren Vokabulars, das sich seiner klaren kapitalistisch-patriarchalischen Herkunft nicht schämt: »Der Einigungsvertrag schafft die Grundlage dafür, daß Freiheit, Wohlstand und soziale Gerechtigkeit zum Markenzeichen der Lebensverhältnisse in ganz Deutschland werden.« Hauptsache, das Label stimmt – über Inhalte meint man kaum noch diskutieren zu müssen. So prallen denn auch die wohlvorbereiteten Vorschläge der ersten frei und demokratisch gewählten DDR-Regierung an der Siegerhaltung der westdeutschen Politiker weitgehend ab. Selbst der Vorschlag, die Wiedervereinigung auch international in einer textlichen Neufassung der Nationalhymne zu dokumentieren (der ehemalige Bratschist de Maizière empfiehlt, die erste Strophe der DDR-Hymne *Auferstanden aus Ruinen* auf die Haydn-Melodie der BRD zu singen), wird von Schäuble als unvorstellbarer »Kompromiß« abgelehnt. Es gehe ja schließlich um den Beitritt der DDR zur Bundesrepublik, »nicht um die umgekehrte Veranstaltung«. So lächelt die »Zonen-Gaby« mit ihrer »ersten Banane« (einer geschälten Gurke) vom westdeutschen Satire-Magazin ›Titanic‹, und Barbara Thalheim muß sich in einer Talkshow vom Chefredakteur des ›Bayernkuriers‹, Wilfried Scharnagl, bedrohen lassen: »Leute wie Sie und Ihren Herrn Gysi sollte man einmauern.« Schlaglichter der Wendezeit, die aber auch den Auszug der Westalliierten aus Deutschland bedeutete. Der ausgesuchte Chansontext stammt aus dem »Wende«-Programm ›Ab & Zustimmung‹ (1989/90) des seit 1978 bestehenden ›Kabarett am Obelisk‹ in Potsdam.

Friedhelm Kändler: Zärtlich allein

Zärtlich allein
Allein mit mir

Ich geh vor die Tür und klingel bei mir
Ich habe Sehnsucht, hab Sehnsucht nach dir
Sag ich zu mir und lass mich herein
Und dann bin ich mit mir zärtlich allein

Zärtlich allein
Allein mit mir

Ich koch schwarzen Tee und biet ihn mir an
Ich sag, daß ich auch Kaffee kochen kann
Dann sage ich Danke und nehm Kaffee
Trink ihn gemeinsam mit mir und dem Tee

Zärtlich allein
Allein mit mir

Erzähl mir, was los ist – was ist passiert
Ich hör mir zu, ich bin interessiert
Ich plauder mit mir – und wenn es dann lacht
Bin ich das – ich hab einen Scherz gemacht

Fast hätt ich vergessen – schau einmal hier
Was ist das? Schau doch! Naja, ich hab mir
Wie sag ich das mal? Gedanken gemacht
Und hab dir dies hier – naja, mitgebracht

Ich meine …

Wann habe ich dir das letzte Mal gezeigt,
Daß ich dich gern hab?
Sag nicht, das wäre nicht nötig gewesen.

Ich mag dich.

Zärtlich allein
Allein mit mir

Komm doch mal wieder – du, es war schön
Ich möchte dich gerne wiedersehn
Ruf einfach an oder schau mal vorbei
Wie wär's am Mittwoch so gegen drei?

Kannst du da? Ja? Dann machen wir es fest.
Sonst wird da nie was draus.
Du weißt ja, wie das ist.

Mittwoch um drei. Ich freu mich.

Kändler ist Schriftsteller und, obwohl noch nicht tot, trotzdem bedeutend.« So schreibt 1990 das Berliner Stadtjournal ›Zitty‹ über eine der interessantesten Figuren der gegenwärtigen Literatur-, Theater- und Chansonszene, die trotz reger Tätigkeit immer noch als Geheimtip gilt: Friedhelm Kändler (*1950). Daß dies so ist, liegt vor allem in der Person Kändlers selbst begründet. Sein kindlicher Spieltrieb, der seiner gesamten literarischen Produktion zugrunde liegt, wehrt sich gegen jeden Stillstand, wie ihn auch jeder Ruhm – aus seiner Sicht – mit sich bringen würde. Er schreibt Theaterstücke für Kinder und Erwachsene, Libretti, Gedichte, Kurzszenen, Märchen und Chansons – alle gleichermaßen beseelt von der Lust am Spiel, besonders mit der Sprache. Dieses Ausloten und Mißtrauen gegenüber jeglicher Kommunikationsform erinnerte viele Kritiker an die Dada-Bewegung (siehe Seite 32ff.), so daß sich Kändler bald, aus Trotz gegen die bereitgehaltene Schublade, mit dem Begriff »WoWo« als (un)sinnstiftende Werkbezeichnung wehrte. Und Kändler ist Philologe genug, die Definition gleich mitzuliefern: »WoWo ist das Spiel mit den Formen der Sprache, nicht frei vom inhaltlichen Traum, doch immer geleitet durch die Frage nach der Gestalt, nach Gefühl und Verletzbarkeit des Gegenübers Sprache. Als sei das Wort ein Seelenwesen, zu Sehnsucht fähig, sucht WoWo es aus seinen Bindungen zu befreien, verführt es zu anderer, neuer Gewohnheit.« Am deutlichsten wird das in seinen, den Œuvres Christian Morgensterns und Ernst Jandls verwandten Texten, in denen Silbenverschiebungen und Buchstabenlücken neue oder lang verborgene Sinnzusammenhänge plötzlich offenbaren. Hauptprotagonist dieses Werkzweigs ist der mehrfach ausgezeichnete Jongleur und Wortakrobat Marcus Jeroch (*1964).

An die Kunstform Chanson wagt sich der Hannoveraner Autor erstmals 1988 mit einem Programm für die Diseuse Alix Dudel (*1956), wie er es überhaupt bevorzugt, für bestimmte, ihm vertraute Künstler zu schreiben. Hier tritt ein anderes Element des Kändlerschen Stils in den Vordergrund: Das Bewahren von Unbewußtheit und Unschuld, das Kändler als absolute Notwendigkeit für wahrhaftiges Schreiben sieht, scheint aus seinen Chansontexten am deutlichsten hervor. Ein seltsames, kindlich-naives Befremdetsein von dem Wesen der Welt drückt sich hier aus, das sich fern von jeder Zensurverteilung hält. Kändler wirft den Zuhörer auf sich selbst zurück, konfrontiert ihn mit den ureigenen Ängsten und Sehnsüchten, wo andere Autoren erklären. Auch erzählt er in seinen Chansontexten selten eine Geschichte, sondern lotet Atmosphären und Gefühle in kaum spürbaren Variationen aus. Und kann er auch so böse-schwarzhumorig wie der österreichische Kabarettpoet Georg Kreisler (*1922) erscheinen (mit Texten, in denen Liebhaber als Zombies zurückkehren) oder romantisch-poetisch wie Mascha Kaléko (in der Beschreibung des Liebesglücks der kleinen Laus Plü): Kändler hat einen klar erkennbar eigenen Stil, der aber im Ansatz und nicht in Form oder Sujet zu suchen ist. Daß seine Texte dennoch oft als klassische Chansons verstanden werden, liegt zumeist an der vermittelnd-traditionellen Vertonung seines Hauptkomponisten Andreas N. Tarkmann (*1956). Von ihm stammt auch die einschmeichelnd-melancholische Walzermelodie zu dem hier abgedruckten, 1990 entstandenen Text.

Georgette Dee: Prinzen & Engel

Manche Prinzen sind Engel
Man erkennt sie im Gedrängel
Wenn man Glück hat, am Geruch
Sie riechen, sie riechen, ja, duften
Nach wundervollem Leben
Sie verströmen den Duft
Beim Wurf ihrer Haare
Beim Ringen der Hände
Beim Spiel ihrer Augen
Über Nasenwipfel

En passant im Gewühl
Zwischen Abgas und Fritten
Blieb mir plötzlich
Ein Hauch in der Nase stehen
Mein Kinn hebt sich vom Kragen
Beim Versuch, sich zu drehen
Seh ich Nase und Augen
Und Haare, die wehen

Ich frage: Prinz? Er sagt: Engel!
Und ich denke, kesser Bengel
Doch beim Spiel seiner Augen
Weht sein Haar auf mich zu
Er streift mir ab die schweren Tüten
Ohne unseren Blick zu brechen

Und da seh ich, wie Blüten
Flügel, seine Flügel
Zitternd fächeln, und sie wehen
Und ich beginne zu verstehen

Manche Prinzen sind Engel …

Er sagt: Komm! Ich frag: Wie denn?
Er sagt: Komm mit mir fliegen!
Umarme mich nur, und halte dich fest!
Und ich spür, wie der Wind
Sich umarmen läßt
Jemand ruft noch: Ihre Sachen!
Doch ich höre mich nur lachen
Dann vergeht mir Hör'n und Sehn

Ich erwach von einem Rauschen
Wie Wasserfallregen
Im Rücken seine Hände
Die fest um mich ringen
Mein Gesicht an seiner Schulter
Ist bestaubt von seinem Duft
Seine Stimme murmelt in mir
Wie es flüstert, singt, summt und lacht

Plötzlich sitz ich auf der Straße
Tüten, Leute um mich rum
Murmelrauschen ist verstummt
Doch lachende Augen und Haare, die wehen
Flüstern: Komm, ich werde mit dir gehen!
Ich seh Flügel, seine Flügel
Zitternd fächeln, und sie wehen
Und beginne zu verstehen

Manche Prinzen sind Engel
Manche Prinzen sind Engel
Manche Prinzen sind Engel

Guten Abend, wir sinken. Darf ich mich setzen?« Bei diesem Satz denkt eine große, treue Fangemeinde sofort an einen Mann, der sich neu erfunden hat und jeglicher Einordnung entzieht: Georgette Dee (*1958). Als »Gladiatorin des deutschen

Georgette Dee

Gegenwarts-Chansons« wird sie bezeichnet, in Frankreich gar mit Yvette Guilbert verglichen. Groß sind ihre Gesten, ihr Zigaretten- und Alkoholkonsum auf der Bühne legendär, treue Fan-Recken raunen von vierstündigen Happenings, ein Chansonrausch auf der Bühne und im Publikum. Man hängt an ihren Lippen und kann sich nicht entscheiden, was mehr besticht: die Brillanz ihrer Interpretation oder die philosophisch-alltagsnahen Conferencen, die auch nicht vor der Zote haltmachen. Denn der Bruch, der durch ihre ganze Persönlichkeit geht, ist auch das Hauptstilmittel Georgette Dees. Sie kann zerbrechlich wie ein kleines Mädchen wirken, lockt den Beschützerinstinkt in jedem einzelnen hervor, um im nächsten Moment wie eine Tigerin die Krallen auszufahren; oder, wie die Journalistin Edith Kohn einmal schrieb: »Georgette Dee wäre nicht Georgette Dee, würde sie sich nicht mit Verve ihrem Publikum zum Fraß hinwerfen, um ihm dabei gleichzeitig mit voller Kraft den Finger in den Hals zu stecken. Das allerdings liebevoll, mit hinreißend spöttisch hochgezogener Augenbraue.« Ihre Selbstironie rettet sie auch immer wieder vor dem selbstmitleidigen Kitsch, in den andere ihrer KollegInnen in eitler Nabelschau nur zu gern verfallen. Das Leiden wird nie Selbstzweck – wenn auch manche hinter ihren oft recht esoterischen Texten genau das vermuten. Davor schützt sie, die nie eine Schauspielschule durchlaufen hat, ihr professioneller Instinkt. Krankenschwester ist sie, als sie 1979 in Hamburg Gunther Schmidt kennenlernt (Mitbegründer der legendären schwulen Theatergruppe ›Familie Schmidt‹ mit Corny Littmann und Ernie Reinhardt, der heute als ›Lilo Wanders‹ Karriere macht). Er ermutigt sie, mit ihm zusammen einen Abend im Hamburger ›Tuc Tuc‹ zu geben. Viel zu lang sei das Programm gewesen, erinnert die Dee sich, die übliche Anfänger-Mischung aus Brecht, Knef, 20er Jahre und eigenen Texten. Dem Erfolg steht sie etwas verwundert gegenüber: »Ich wußte noch nichts von meiner Wirkung.« 1981 folgt sie einem Liebhaber nach London, wo sie den Pianisten Terry Truck kennenlernt. Sie studieren in nur zehn Tagen ein komplettes Programm ein, das sie im ›Oval Theatre‹ in Kensington präsentieren. Seitdem ist Georgette Dee ohne Terry Truck nicht mehr zu denken, denn er ist nicht nur Begleiter, sondern hat einen unverkennbaren Sound geschaffen, der die brüchige, manchmal gewaltig-ausbrechende Stimme der Dee vor Abstürzen bewahrt und die hohe Musikalität der Diseuse gefördert hat. Er ist Bühnenpartner im besten Sinne – und in seinem englischen Understatement unverwechselbar. Unter den Fittichen des nicht eben zimperlichen Talentmachers und damaligen Leiters des Frankfurter ›Theater am Turm‹ Peter Hahn (der auch Tim Fischer und Irmgard Knef aufbaute) entwickelt sich die Dee vom schwulen Szene-Geheimtip zur ernstzunehmenden, innovativen Diseuse. ›Geburtstagslieder fürs Hexenkind‹ heißt da ein Programm, mit dem sich die Dee auch auf Tournee durch acht hessische Strafanstalten begibt. Ein besonderes Erlebnis auf beiden Seiten, wie sie berichtet. Aber, wie sie in ihren Interviews immer wieder gerne fallenläßt: »Menschen verwirren ist doch so schön.« Zuviel der Verwirrung war es wohl 1993 für die ›Kronen-Zeitung‹ in Wien, als Intendant Claus Peymann sie an die altehrwürdige ›Burg‹ zu einem Gastspiel einlädt: »Ein Transvestit im Burgtheater« lautet da die Schlagzeile; man fürchtet, das »repräsentative Repertoiretheater für Weltliteratur« verkomme zum »Sammelbecken für Männer in Frauenkleidern und Perverse«. Und so ist Georgette Dee auch immer wieder Sendbote für die Akzeptanz des Andersseins, ob in Wien, Amsterdam, Helsinki, Stockholm, Paris, in deutschen oder Schweizer Klein- und Großstädten. Sie selbst nennt sich einen »undogmatischen Phantasieanreger« und kehrt immer wieder zum Energietanken in die Lüneburger Heide zurück, wo sie in einem kleinen Ort geboren wurde. Im Herbst, den sie in ihren früh veröffentlichten Memoiren als ihre Lieblingsjahreszeit beschreibt: »Da wächst noch vieles, da vergeht schon vieles, vieles ist auf dem Höhepunkt, und einiges ist schon tot (...) Vielleicht ist auch der Urquell meiner Sehnsucht in dieser Jahreszeit begründet. Ich habe Gedichte und Oden an Geliebte verfaßt, die ich gar nicht kannte, sondern mir auf der Straße oder im Zug flirtenderweise angeschaut hatte. Dadurch hatte ich in meiner Phantasie schon so viel und so heftig geliebt, daß ich später meinen tatsächlichen Liebhabern im Inneren Vorwürfe machte und mich heimlich wunderte, warum sie mir all diese Empfindungen nicht zurückgeben konnten.« Auch der hier abgedruckte, 1990 entstandene Text wird von dieser Ursehnsucht getragen.

Neben ihren eigenen Texten sind besonders ihre Brecht-Interpretationen hervorzuheben, ein Dichter, den sie seit ihrer Jugend bewundert. 1998 feiert sie seinen 100. Geburtstag mit dem Programm ›Na also! – goodbye‹ und dazugehörigem Frankfurter Kranz, den sie genüßlich zu der für drei Groschen gestellten Frage »Denn wovon lebt der Mensch« verzehrt. Nur die Dee, die aus ihrem Spaß am Intellektuellen keinen Hehl macht, kann es sich erlauben, die heiligen »acht Segel« des *Seeräuberjenny*-Schiffs als »die Dinger da, die machen, daß das fährt« zu bezeichnen – und damit einen totgesungenen Song wieder hörbar und erfahrbar zu machen. Denn das ist die wirkliche Kunst der Georgette Dee: sich durch mutwillig-durchdachte Zerstörung der Chansontradition zu ebendieser zu bekennen – und sich dabei immer treu zu bleiben, auch in ihrem bemerkenswerten Mut zum Risiko.

Ulla Meinecke:
13. Dezember (oder irgendein anderer Tag)

Urlaubsreife Blicke, Dienstag morgens um halb 8
Die Zeitung sagt, schon wieder gab es eine heiße Nacht
Von Ost nach West – von Süd nach Nord
Und den Nachkriegskindern fliegt die Unschuld fort
Keine Fragen mehr, wie konnt das früher geschehn
Wir sind jetzt live dabei, brauchen nur fernzusehn
Und schon wieder das Schlaflied unsrer Kinderzeit

DAS HAT DOCH KEINER GEWUSST
UND DA WAR NIEMAND DABEI

Wahlschlacht, und die Helden hängen wie Junkies an der Macht
Und flammende Kampagnen werden zu Feuer in der Nacht
Es brennt immer mehr, doch was sie ernsthaft stört
Ist, daß davon die Nachbarschaft im Ausland hört
Das schadet dem Ruf, also Jungs, tobt leise
– geht doch keinen was an, unsre kleine Zeitreise
Alles halb so wild, sind doch nur 1, 2, 3

DAS HAT DOCH KEINER GEWUSST
UND DA WAR NIEMAND DABEI

Jeden Morgen neu die Zeitung mit den Totschlagzeilen
Voll auf Kurs, dem Luxusschiff zu Hilfe zu eilen
Die macht aus Menschen Naturkatastrophen
Das Lied von der Flut in 120 Strophen
Das Boot ist voll und raus und Schluß
Das sind Blätter wie ein brennender Fidibus
Der Weg versperrt – die Presse ist frei

UND KEINER HAT WAS GEWUSST
UND DA WAR NIEMAND DABEI

Viel zu viele hohle Phrasen in den Fernsehinterviews
Viel zu viel vor unsern Nasen und zu viele schauen zu
Und die Leitungen zur Wache sind zu lang – wer steht da drauf?
Und jeden Morgen wachen wir mit neuen Zahlen auf
Doch die Zahlen, das sind Menschen, 1 Seele, 1 Gesicht
Wir starren auf das Bild, Justitia sieht rechts nichts
Das war kein Vorsatz, nur ein Brandsatz oder 2 oder 3

DAS HAT KEINER GEWUSST
UND DA WAR NIEMAND DABEI

Und du gehst nachts nach Hause, und die Fenster sind schön hell
Du bist weiß, gesund und christlich, nicht mal homosexuell
Dann trifft dich vielleicht der gnadenlose Haß
Denn manchen macht der Haß einfach Spaß
Dann bist du allein und keiner hört deinen Schrei

UND KEINER HAT WAS GEWUSST
UND DA IST NIEMAND DABEI

Das kann nicht so bleiben, das darf nicht so sein
Das denken die meisten zu Hause allein
Gesichter im Spiegel, die man nicht mehr erkennt
Wer die Fremden nicht schützt, wird sich selber fremd

UND JETZT WISSEN WIR'S ALLE
WIR SIND ALLE DABEI

Am 13. Dezember 1992 erlebt Deutschland ein bislang in diesen Ausmaßen ungekanntes Aufgebot an einheimischen Künstlern, die sich alle zu einem Open-air-Konzert auf dem Messeplatz vor der Festhalle Frankfurt (Main) zusammengefunden haben: Mit dabei sind unter anderem BAP, Herbert Grönemeyer, Klaus Lage, Heinz Rudolf Kunze, Die Fantastischen Vier, Peter Maffay, Udo Lindenberg, Marius Müller-Westernhagen. Sie demonstrieren mit diesem durch Fernsehen und Rundfunk in 80 Länder übertragenen Konzert vor mehr als 150 000 Zuschauern gegen die eskalierende rechte Gewalt in Deutschland unter dem Motto »Heute die! Morgen du! – Rock gegen Rechts«. Die Initiative ›Rock gegen Rechts‹ hatte sich bereits 1978 aus Jugendorganisationen und Rockbands formiert und Gegendemonstrationen bei Neonazitreffen organisiert. Als sich aber ab September 1991 fremdenfeindliche Brandanschläge auf Asylbewerberheime häufen (zuerst in Hoyerswerda, dann in Hünxe, Rostock und am 23. November 1992 in Mölln), wachen auch die Medienanstalten endlich auf und geben dem seit lange bestehenden Drängen der deutschen Künstler nach. Eine, die ganz vorne dabei ist, wenn es darum geht, Stellung zu beziehen, ist die Sängerin und Dichterin Ulla Meinecke (*1953). 1976 wird sie von Udo Lindenberg entdeckt, der auch ihre erste LP komponiert und produziert. Nach einem zweiten von Lindenberg inspirierten Album zieht sie von Hamburg nach Berlin, wo sie noch heute lebt. Sie gründet ihre eigene Band und trifft auf so wichtige Singer-Songwriter wie Herwig Mitteregger und Edo Zanki. Sie alle stehen für den textbetonten Song der 80er Jahre, der seine Wurzeln in den Liedern von Bob Dylan und ähnlichen Songpoeten hat, sich aber musikalisch neuer Formen bedient. Es ist auch die Zeit der »starken Frauen«: Inga Rumpf, Ina Deter, Jule Neigel sind nur einige der Sängerinnen, die plötzlich nach langer Clubkarriere in LP-Verkaufszahlen meßbare Erfolge haben. So auch Ulla Meinecke mit ihrem Album ›Wenn schon nicht für ewig, dann wenigstens für immer‹ (1983), das ihre eigene Lyrik und ihre kongenialen Nachdichtungen amerikanischer Titel einem breiten Publikum bekannt macht. Es sind Innenansichten und starke Bilder, die nun interessieren; etwas, das bislang nur in der intimeren, lyrischen Form des Chansons möglich schien. Ulla Meinecke zeigt wohl noch heute am deutlichsten, daß ein guter Text mit poetischen Qualitäten nicht notwendigerweise mit einem Verzicht auf Rhythmik und zeitgemäße Bandarrangements einhergehen muß. Mit ihrer dunklen, weichen Stimme, die sie gerne mal ganz nah am Mikro vorbeiraunen läßt, versteht sie es, Text und Musik gleichermaßen zu bedienen – ein Gleichgewicht, das für sie einen guten Song erst ausmacht. Mit dem Begriff »Chanson« kann sie eigentlich wenig anfangen; er sei ihr zu eng gefaßt, gesteht sie in einem Interview, selbst wenn sie 1984 den Deutschen Kleinkunstpreis in dieser Sparte erhalten hat. Doch daß ihre Lieder untrügliche Chansonqualitäten haben, will sagen: auch ohne Bandarrangement bestehen können, beweist sie, zur Verwunderung vieler Kritiker, seit 1996 mit ihren Soloprogrammen, bei denen sie sich nur von ihrem Pianisten Reinmar Henschke begleiten läßt (und bei denen sie sich, so ganz nebenbei, als glänzende Conferenciere erweist). Die Meinecke verwundert diese vermeintlich »neue« Qualität ihrer entschlackten Lieder nicht: »Die Urform des Liedes entsteht ja schon immer bei mir nur mit einem Instrument, Klavier oder Gitarre, damit sich nichts hinter einem Glitzerarrangement verbergen kann. Was dann im Song ist, ist auch einer!« Ein Kollege und Freund, von dem sie mit viel Liebe und Anerkennung spricht, ist der frühverstorbene Rio Reiser (1950–1996): »Er war der einzige, der in einem Text ›Stammheim‹, ›schlafende Blumen‹, ›Reh‹ und ›Hase‹ schreiben konnte.« Zur ersten Zusammenarbeit mit dem legendären Texter, Komponisten und Sänger von ›TonSteineScherben‹, der später solo mit seinem Lied *König von Deutschland* endlich auch einen kommerziellen Erfolg verbuchen konnte, kam es bei ihrer LP ›Erst mal gukken – dann mal sehen‹ (1988). 1992 dann schrieb Ulla Meinecke spontan den hier abgedruckten Text – zwei Tage vor der hastig geplanten Frankfurter Veranstaltung. »Ich hab Rio angerufen, ihm den Text rüber nach Fresenhagen gefaxt – wir hatten uns musikalisch auf ›Typ Gassenhauer‹ geeinigt –, und vier Stunden später spielt er mir am Telefon den fertigen Song vor! Kurz vor dem gemeinsamen Auftritt haben wir dann das Lied hinter der Bühne auf einem Keyboard zum ersten Mal durchgespielt. Auf der Bühne habe ich ja dann noch vom Blatt gesungen. So was ging nur mit Rio!« (Ulla Meinecke in einem Interview mit dem Herausgeber) Der Song wurde zur heimlichen Hymne des Konzerts – und hat an Aktualität leider so wenig verloren, daß die ›Berliner Morgenpost‹ ihn (angesichts aktueller Ausschreitungen) am 15. August 2000 erneut abdruckte.

Thomas Pigor: ComedyComedyComedy

Comedy Comedy
Leute, es wird lustig. Ha! Die Zuschauer freu'n sich
Die Programmstruktur 1997
Bietet wieder Perlen der Kleinkultur Ha!
In einer Tour urkomische Figuren

Du Du Du da sind Typen Du da sind Typen
Typen sind da dabei Typen sind da dabei du du

Von der Kinderstunde bis Mitternacht
Lacht man sich über dieselben Typen schlapp
Selbst Politmagazine haben einen kabarettistischen Nachklapp
Comedy Zap Comedy Zap

Du da sind Typen Du da sind da Typen sind da dabei
Zap Spaß Unterhaltung Zap Satire Witz Zap Parodie
Comedy Zap Comedy Zap Zap
Das ist der Endsieg der Comedy

Comedy Comedy …
Was ist eigentlich Comedy?

Comedy, na das ist Kabarett
Mit kariertem Jackett
Das allerdings drei Nummern zu klein sein sollte
Ebenso wie die Hose oder zumindest ein Hosenbein
Mal ganz allgemein:
Man stylt sich wie diese Typen aus den Sixties
Diese hutträgerischen Onkels, mit diesen Ticks
– Diese irgendwie nicht ganz dichten
Deppen aus den unterprivilegierten Schichten

»Kumma Tante Hedwich is da!«
– Ach ja! Auch die Behindertenparodie erfreut sich seit
Einiger Zeit auch wieder einer größeren Beliebtheit
Die anspruchsvollere Variante mit drei Prozent mehr Spaß
Geht folgendermaßen: Man lauert auf die K's
Man lauert auf die K's – Ich sag's noch mal genauer:
Damit es jeder kapiert: Man legt sich auf die K-Lauer
Comedy Comedy Comedy Comedy
Ich bekomme die Ich becomedy Krätze
Wenn ich höre »Komm, Edy, dat is dat letzte«
Comedy Comedy
Und als Frau? Und es gibt wenige in diesem Genre
Warum weiß keiner so genau
Als Frau Gut als Frau Als Frau Als Frau
Verwendet man natürlich dementsprechende weibliche Mittel
Das heißt Lockenwickler, Mop und Arbeitskittel

Putzfrau'n mit ihren Ollen die immer Fernseh' schau'n
Putzfrau'n die sich mal rischtisch wat zu sagen trau'n
Dir Weisheiten um die Ohren hau'n, dat die Schwarte kracht
Mit einem Feminismus der 13jährigen Ehre macht
Schwanz ab Hahahahahah

Aber das Tüpfelchen auf dem i
Dadurch wird Kabarett erst zur Comedy
Das si ne qua non für eine schrille
Zeitgenössische Komik ist ... die Brille

Doch Brillenkabarettisten tragen nicht irgendwie ein Modell, nein
Brillenkabarettisten tragen prinzipiell
Ein Brillenkabarettistenkassengestell
– Alle echten Brillenkabarettisten tragen sie
Ohne 60er Jahre Kassengestelle gäbe es gar keine Comedy
Denn ohne Brille ist der Brillenkabarettist – o.K. jetzt überspitz ich
Aber ohne Brille ist der Brillenkabarettist einfach nicht witzig
Comedy Zap Comedy Zap Comedy Zap ... Tagesthemen!

Nach Weihnachtsmann und Knecht Ruprecht, Schmidt und Feuerstein, gibt's jetzt die beiden. Und sie sind einfach besser« (AZ München, 1997). Die Rede ist vom Duo Thomas Pigor (*1956) und Benedikt Eichhorn (*1962), das seit 1995 »dem Großstadtlied des ausgehenden Jahrtausends in Text und Musik den Weg weist« (aus der Laudatio zum Deutschen Kleinkunstpreis 1999). Mit ihren ›Thomas Pigor singt. Benedikt Eichhorn muß begleiten‹ benannten Programmen, die lediglich numerisch um ein ›Volumen‹ ergänzt werden, zeigen sie, was die deutsche Sprache in Verbindung mit zeitgenössischer Rhythmik und Harmonik so alles vermag. Ungeahnte Geschmeidigkeit offenbart sich da in der Wortakrobatik Thomas Pigors, die vom Komponisten Eichhorn kongenial vertont wird. Keine Alliteration, keine Synkope ist da zufällig. Daß ihre »Salon-Hip-Hop« genannten Lieder dabei trotzdem von hohem Unterhaltungswert und scheinbarer Leichtigkeit sind, ist ein besonderes Verdienst der beiden erfahrenen Showmen.

Benedikt Eichhorn hat sein Musikstudium in Essen absolviert (übrigens zusammen mit der Kleinkunstkollegin Susanne Betancor, siehe Seite 198ff.) und geht 1992 als Komponist, Pianist und Schauspieler nach Berlin zur legendären Musicaltruppe ›College of Hearts‹. Führender Kopf ist hier Thomas Pigor, der für das von ihm mitbegründete Unternehmen seit 1983 einen Saisonhit nach dem andern schreibt: *King Kurt – Das Campingmusical, Blutiger Honig – Das Bienenmusical* oder *Der Gestiefelte – Ein Rotlichtmärchen* sind nur einige der Stücke, in denen Pigor für Buch, Songtexte, Musik, Regie und als Darsteller verantwortlich zeichnet. Der Entschluß zur Duo-Arbeit bringt Pigor/Eichhorn in kürzester Zeit eine Unzahl an Auszeichnungen ein, so den Deutschen Kabarettpreis aus Nürnberg (1997) und den Deutschen Kleinkunstpreis aus Mainz (1999). Ihre Bühnenshows leben vom perfiden Machtspiel zwischen Thomas Pigor als charmant-kaltblütigem Drahtzieher und Benedikt Eichhorn als unterdrücktem Naivling mit Liedermacher-Sendungsbewußtsein. Das ist so alt wie die Idee von Weißclown und Dummem August, aber auch noch genauso anarchisch. Denn das Publikum ist in permanentem Entscheidungszwang, ob es sich gegen den smarten Protagonisten entscheiden soll oder nicht. Eine

Frage, die im Chansonbereich (der wie kein anderer eine fragwürdige Heimstatt für eitles Ästhetentum darstellt) eher ungewohnt ist und die nur aufgrund einer perfekt geführten Dramaturgie nie zur wirklichen Gefahr für Pigor wird. Und Eichhorn fühlt sich in seiner Rolle wohl: »Ich bin der erfolgreichste Unterdrückte«, läßt er sich in Interviews vernehmen – und ein Lied pro Abend (mit dem er als »neuer Jacques Brel« in die Geschichte eingehen möchte) wird ihm ja auch zugestanden. Das ist dann allerdings so brachial-epigonenhaft, daß den Zuhörer das kalte Kitsch-Schaudern überfällt und man dankbar für den nächsten Auftritt des Meisters ist – eine gekonnte Beherrschung der Mittel auf allen Ebenen. Auch gesanglich ist Pigor eine der interessantesten Persönlichkeiten des deutschen Gegenwartschansons. Mit seiner klassisch ausgebildeten Stimme verfügt er über eine große Geschmeidigkeit, die er aber nie ausstellt, sondern sich nutzbar macht für allerlei Finessen, die scheinbar nebenbei seinen großartigen Scat-Sprech-Gesang ergänzen. Kaum ein anderer bewältigt die selbstgeschriebenen Alliterations-Orgasmen so wie er (»Bei beiden bedeutenden Bankgebäuden in Baden Baden / Haben Banditen Bomben an die Betonbögen gebunden / Und die beiden Baden Badener Banker / Bangen um die potenten Baden Badener Kunden«). Sein »Heidegger«-Reggae ist inzwischen zum Intellektuellen-Hit avanciert, die Worte »mit Zentralheizung« zaubern jedem Berliner ein Grinsen ins Gesicht, seitdem Pigor diesen Vorzug seiner renovierten Altbauwohnung (»mit Vorkaufsrecht«) in einem Lied gegen seine nach Wien ziehende Freundin ins Feld geführt hat. Doch die vermeintlichen Ohrwurm-Hits für Großstädter und die Nonsens-Reime, die direkt den Schlagern der 20er und 50er Jahre abgelauscht zu sein scheinen, bergen alle in sich die intellektuelle oder doch zumindest schwarzhumorige Falle: »Ich hänge mich an meinem Schnürsenkel auf / Und hoffe, daß er reißt und du mich findest«. Der Spaß an der Tabuverletzung steht Pigor nur allzuoft ins Gesicht geschrieben; und die sich verengenden Augen in Kombination mit den mephistophelisch nach vorne gekämmten Haaren und dem fränkisch rollenden R steigern den Vortrag einiger Texte bis zur Unerträglichkeit: »Hitler / Das Eau de Cologne für den

Mann (...) / Hitler / Riechen Sie mal kräftig dran / Es riecht ungeheuer imposant / Und nach Schäferhund«. Seine klaren Zeitanalysen in Verbindung mit ausgesprochen poetischer wie musikalischer Begabung lassen das Allround-Talent Thomas Pigor zum unangefochtenen Erneuerer des deutschen Chansons werden und ihn so manchem als profunden Erben Friedrich Hollaenders erscheinen. Der hier veröffentlichte Text, der sich bissig-treffend über die seit Anfang der 90er Jahre in Deutschland alles verdrängende Comedy-Welle ausläßt, entstand 1997 für das Programm ›Volumen 2‹, vertont auch diesmal von Benedikt Eichhorn.

Thomas Pigor und Benedikt Eichhorn

Tina Teubner: WolkenPelzTier

In Champagner baden, asketisch bleiben.
In Liebe verbrennen, an der Liebe leiden.
Stets unter Menschen, immer allein.
Träumen –
Dabei ganz realistisch sein.
Fressen zum Platzen, aber Hunger spüren.
Ein Jahrzehnt in einem Gedanken verlieren.
Besoffen und nüchtern, still und rasant.
Engel und Bestie in einem Gewand.
  Ich will nach Hause …

Erwachsen und Kind zur selben Stund.
Lange Beine und sinnlicher Mund.
In Samt, Seide, Brokat gehüllt,
Meine Gemächer mit Antiquitäten gefüllt,
Will ich mich stets und still bescheiden,
Doch die Dienerschaft sollte sich lautlos verneigen
In meinem Palast, der auf gigantischen Säulen steht,
Ohne daß eine Sekunde mein Glück vergeht.
Und dann will ich tanzen und singen im Rausch
Und stündlich werden die Geliebten getauscht.
  Ich will meine Freundin zurück …

Frei sein, nicht immer an einen denken.
Doch ihm allein will ich Treue schenken.
Zu Hause. Geborgen. Zweisamkeit.
Doch ewig auf Reisen … Alaska … weit weg,
Im Schnee eine Rose pflücken.
Mit der Kraft der Liebe Berge verrücken.
Ekstase. Unbändiger Lebensmut.
Lachen. Bumsen. Trauer. Wut.
Dem Anstand trotzen ohne Reu'
Und weinen dürfen, wenn ich mich freu'.
  Ich will das Meer sehen …

Tina Teubner (*1966) haßt »Hütchenprogramme«. Darunter versteht sie die nur allzuoft strapazierte Verlegenheitslösung mancher Möchtegern-Chansonette (hier ganz bewußt abwertend zum richtigeren Begriff Chansonniere verwandt), die das fehlende Charisma durch einen jeweils zum vorgetragenen Lied passenden Hut zu ersetzen sucht (auch andere Requisiten wie Federboa, Zigarettenspitze, Sektglas sind sehr beliebt). Tina Teubners Vielschichtigkeit braucht keine Requisiten – sie hat erkannt, daß der Mensch eine multiple Angelegenheit ist, dem scheinbaren Wahnsinn oft näher als der gesellschaftlich verordneten Normalität. Und so weiß die Teubner auch um die Geborgenheit des Augenblicks, die sie genüßlich und dankbar in ihren Programmen zelebriert und als kostbare Geschenke unter ihr Publikum verteilt. »Vielleicht hat sich Sigmund Freud ungefähr so die öffentliche Premiere seiner radikalen Idee vom vielschichtigen Ich vorgestellt«, mutmaßt ihr langjähriger Regisseur Mario Angelo. So heißt denn auch das 2000 entstandene Programm der ehemaligen Musiktherapie-Studentin folgerichtig ›Ich – um nur einige zu nennen‹.

Aufgewachsen im Ruhrgebiet, geht Tina Teubner zum Studium nach Wien und widmet sich nach der Musiktherapie ihrer Ausbildung zur Violinistin an den Musikhochschulen Düsseldorf und Münster. Da sie, wie sie sagt, schon immer besser Tango als Mozart gespielt habe, geht sie 1991 auch ohne Scheu auf die Bitte eines Freundes ein, auf einem von ihm organisierten Schlagerabend in einer Duisburger Kneipe drei Lieder aus den 20er Jahren zu singen – »und mir wurde klar, damit mache ich weiter«, verrät Tina Teubner in einem Interview. »Das war überhaupt keine Frage. Ich hatte völlig Feuer gefangen. Es war kurz vor Weihnachten. Ich nistete mich bei meiner Schwester, die damals Theaterwissenschaften studierte [und heute ihre Managerin ist; der Herausgeber], ein und las mich völlig in diese Welt ein. Fünf Monate später stand mein erstes Programm, (...) der Versuch, eine Show nachzustellen, so wie es in den 20er Jahren gewesen sein könnte. (...) Damals hatte ich noch keine einzige Gesangsstunde.« In den folgenden Jahren entdeckt sie für sich die Lieder Georg Kreislers, die sie bemerkenswert interpretiert, und sie beginnt mir ihrer liebenswerten Chansonklassiker-Zerstörung von Reutter bis Hollaender, dem verbrauchten Diseusen-Habitus mißtrauend, immer auf der Suche nach dem eigenen Stil. Doch erst durch ihren Förderer, den poetischen Ausnahme-Kabarettisten Christof Stählin (*1942), dessen Workshops sie regelmäßig besucht, bekommt Tina Teubner den Mut, ihre Programme mehr und mehr mit eigenen Texten auszustatten. Das Stipendium der GEMA für Textdichter, das sie 1998 erhält, zeugt von der Richtigkeit dieses Entschlusses und scheint den Startschuß für viele weitere Auszeichnungen gegeben zu haben. So gewinnt sie etwa als erste den in Frankfurt am Main vergebenen deutschen Nachwuchs-Chansonpreis »Zarah«, 1999 dann den Kabarett-Cup des ›unterhauses‹ und den Förderpreis zum Deutschen Kleinkunstpreis. Der Kabarettpoet und Chansonkenner Erwin Grosche (*1955) sagt über ihre Lieder: »Für mich sind sie musikalische Seufzer, Liebesovationen, Short-Stories und Tagträume, vorgetragen von einem Troll, der vor uns steht, einer Elfe, die über uns schwebt, einer menschgewordenen Meerjungfrau, die aus Liebe zur Liebe unter uns weilt und uns ganz erstaunt ihre Erlebnisse offenbart.« Und auch der Journalistin Anke Kronemeyer drängen sich beim Anblick der gerade mal 1,63 Meter großen Diseuse märchenhafte Vergleiche auf: »Das kann nur eine: Uns so richtig herunterziehen in Wehmut, Melancholie, tieftraurig-herbstliche Gefühle bis an den Rand einer kurzzeitigen Depression – und uns dann mit nur einem Wort wieder retten aus diesem Tal. Mit der linken Hand hält sie ganz fest unsere Hand, mit der rechten wedelt sie aufgeregt ihren blinkenden Zauberstab hin und her – und hat uns damit mehr als verzaubert.«

Und tatsächlich besticht die Teubner nicht so sehr durch ihre Stimme, die eher eine soubrettig-zarte ist, als vielmehr durch ihre Gefühlsstärke, die ihren kleinen Körper gänzlich zu ergreifen scheint und mit ihm ringt. Das Publikum ist atemloser Zeuge dieses Vorgangs und erschüttert von soviel innerer Wahrhaftigkeit, die den heiteren wie traurigen Stimmungen ohne Rückhalt auf den Seelengrund geht. Teubners starke Affinität zur russischen Mentalität wird hier, wie auch in Text- und Sujetauswahl, offenbar; eine Tatsache, die sie stolz immer wieder in Interviews einräumt: »In der russischen Literatur zum Beispiel gelingt der schmale Grat zwischen traurig und lustig viel besser als in der deutschen. Diese Gleichzeitigkeit gelingt in Russland besser (...) Durch Comedy herrscht ein wahnsinniger Lach- und Witzzwang (...) Ich habe ein paar Kollegen und Freunde, mit denen plane ich scherzhaft einen Wettbewerb für das traurigste Lied; dann machen wir einen Salon und laden alle ein, das traurigste Lied zu singen. Weil das in Deutschland keinen Platz hat. Es gibt die großen Dramen, die ernste Kultur, in der Kleinkunst hat man gefälligst zu unterhalten, sonst werden die Leute auch sauer.« Aufgefangen werden diese großen Gefühle bei Tina Teubner durch ihre messerscharfen kabarettistischen Conferencen und Grundideen ihrer Programme. So eröffnet sie 1998 mit ihrem Programm ›Nachtwut – Wir reißen alte Wunden auf‹ ihre »Trilogie der Feste«: Feiert sie hier noch jeden Abend Silvester, zelebriert sie in ihrem neuen Egomanen-Solo allabendlich ihren Geburtstag, zu dem alle kommen – von der verhaßten Cousine bis zum lieben Gott, getreu ihrem Motto: »Im Moment ist es im Kabarett, seitdem es nicht mehr politisch ist, wahnsinnig in, Alltagsdinge groß zu machen. Ich nehme eher die großen Themen und mache sie klein«.

Der hier wiedergegebene Text, auf den Tango *Duvidoso* von Ernesto Nazareth (1863–1934) geschrieben, stammt aus dem ›WolkenPelzTier – Von Hysterie und Größenwahn‹ genannten Programm des Jahres 1997. Bei diesem Lied standen Gedichte von Ingeborg Bachmann (»Anrufung des Großen Bären«), wie auch von Erich Kästner (»Das Lied, genannt ›Zur selben Stunde‹«) Pate.

Susanne Betancor: Fernsehköche staunen

Fruchtfliegen sitzen auf der Pflanze
Aschenbecher dunsten vor sich hin
Flaschenklingeln komplettiert das Ganze
Und ich bin ganz erstaunt daß ich es bin

Rollstuhlfahrer küssen sich und täglich
Kommt ein neuer Arzt und sagt hallo
Krankenschwestern schminken sich unsäglich
Klofraun sind sich treu bewachen Klos

Rinderhälften klaffen auseinander
Schweinefüße finden sich im Heu
Ein Opa sitzt entspannt auf der Veranda
Autos blitzen Fahrräder sind neu
    Liebe ist bunt Liebe macht Ecken rund
    Und Schnee so weiß und Wasser heiß
    Und kochen tut man gern aus Liebe
    Fernsehköche staunen schiebe
    Nie von morgen was auf heute
    Tu niemals so als hättest du's gewußt
    Und der der gestern was bereute
    Hat übermorgen gar keine Lust

Im dritten Stock verschwindet gerad der Mond
Im zweiten Stock verfärben sich die Kiesel
Im Erdgeschoß hat nie jemand gewohnt
Die Tankstelle führt Bleifrei Super Diesel

Ich bin da und guck mir zu und winke
Und freu mich über das was ich da mach
Wenn ich rechts abbiege blink ich
Wenn ich gerade mal nicht schlafe bin ich wach
    Liebe ist bunt Liebe macht Ecken rund …

Ich bin auf jeden Fall keine Berlinerin. Das ist gaaanz wichtig!« Aus Essen kommt sie – und das hört man auch: »Ich mag so gern wie das riecht / Und wenn die Taube dann nicht mehr fliegt«, reimt es sich da bei ihrer ironischen Georg-Kreisler-Anleihe *Wir gehen Tauben grillen im Park* nur durch ihr ins Mikrofon geknarztes Ruhrpott-Idiom. Aber schließlich reimte ja auch schon Goethe in feinster Frankfurter Mundart »neige« auf »Schmerzensreiche«, so daß Susanne Betancor (*1964) sich in guter Gesellschaft befindet. Auch der Name Kafka fällt immer mal wieder, wenn Kritiker sich bemühen, ein Schublädchen für ihren einzigartig-skurrilen Humor zu finden. Und der drückt sich schon in ihrem Bühnennamen aus: Als ›Die Popette Betancor‹ bereist sie seit 1995, sich selbst am Klavier begleitend oder mit Band, die deutschsprachigen Kleinkunstspielstätten und muß regelmäßig die Frage nach ihrem Pseudonym beantworten: »Das ist eine Berufsbezeichnung und kommt von Popmusik. Statt Chansonette Popette. Ich sing' keine Chansons, sondern Pop. Obwohl es viele verwirrt, weil alle denken, Popmusik, das ist Mr. President oder DJ Bobo oder Take That. Aber für mich ist Popmusik alles das, was undogmatisch ist« (taz-ruhr, 1997). Den deutschen Hip-Hop hat sie einmal als das »Comingout der deutschsprachigen Musik« bezeichnet, und er hinterläßt ebenso Spuren in ihren Kompositionen wie ihre alte Liebe, der Jazz. Das alles zusammen ergibt den Popette-Begriff »Kammerpop« – eine wenn auch bisher ungehörte, so doch treffende Definition. Klavier, Orgel und Klarinette lernt sie bereits in ihrer Jugend spielen, später kommen noch Saxophon und Trompete dazu. Als Multiinstrumentalistin wird sie zu Beginn ihrer Musikerinnenkarriere auch gerne von Kollegen verpflichtet, etwa von Herbert Knebel, Helge Schneider und Cora Frost. 1989 zieht die passionierte Ruhrpottlerin aber dann doch ein verlockendes Angebot nach Berlin (wo sie noch immer lebt): Sechs Jahre lang ist sie multifunktionales Mitglied der Musicaltruppe ›College of Hearts‹. Dann startet sie 1995 mit ihrem ersten Soloprogramm ›Privat ist modern‹, ein Motto, das sich leitmotivisch durch alle ihre Texte zieht: »Ich bleib zu Hause, denn da kenn ich mich noch am besten aus« heißt es da, heiterkeitslose Partys werden beschrieben oder eine Taxifahrt von

Köln nach Gelsenkirchen. »Lakonischer Betrachtungswitz« wird das treffend von Kritikerseite benannt, und Susanne Betancor gesteht: »Ich liebe den pointenfreien Raum. Ich mag Geschichten ohne Pointe, bei denen das Publikum trotzdem lacht.« So konzentriert sie sich denn mehr auf surreale Situationen oder Sujets, zum Beispiel, wenn sie zwei Babies im Gespräch über Babynahrung den »Hipp Hopp« kreieren läßt oder eine Hymne auf das Fallobst anstimmt. Und ganz nebenbei blitzen da Melancholie-Oscar-verdächtige Sätze auf wie »Ich würde gerne weinen, wenn ich wüßte, über was« oder Wortkreationen wie »knalltütenheiter« und »ausgelassen destruktiv«, die ihr eine immer größer werdende Fangemeinde bescheren. »Eine Minnesängerin der beschädigten Idylle, zärtlich und spröde zugleich«, schreibt die Münchener ›Abendzeitung‹, und denkt dabei vor allem an ihre vom Alltag verhinderten Liebeslieder, die durchaus paranoide Züge tragen (»Ich bin krank vor Liebe / ich schwank vor Liebe / und ab und zu versteck ich mich im Schrank vor Liebe«). Das hier erstmals abgedruckte Lied, 1998 entstanden, ist wohl eines der schönsten Beispiele für ihre skurrile Lyrik.

Aber auch ihre Prosa ist bemerkenswert: Im Jahr 2000 veröffentlichte die Deutsche Kleinkunstpreisträgerin ihr erstes Buch: ›Damenbart‹ ist die wahrhaft kafkaeske Geschichte einer »Verwandlung« und ein geschlechterübergreifender Rundumschlag. Höhepunkt der Farce ist der darin enthaltene Entwurf zum Bauerntheaterstück ›Das Schwein der Sonnwaldbäuerin. Ein Einakter mit sieben Lichtwechseln. Für vier Darsteller und einen Beleuchter‹, das der ›taz‹ das unikale Prädikat »popettig« abrang. Ein Wort, dessen Ursprung bald niemand mehr zurückverfolgen können wird. Denn mit ihrem neuen Programm ›Elektrisch‹ (2001) trennt sich die Künstlerin von ihrem selbstgewählten Titel. Sie erklärt dazu: »Die Popette ist abschaffungswert, weil ihre Erfinderin es leid ist. Sie möchte nicht mehr in jedem Interview erklären müssen, was und warum Popette. Sie weiß es auch selbst nicht mehr. Außerdem mußte sie immer wieder erleben, wie ihre Berufsbezeichnung für einen frankophilen Vornamen gehalten und dementsprechend diminutiv ausgesprochen wurde. Es gibt Dinge, die erübrigen sich im Strudel der Zeitgeschichte.«

Inhalt und Quellen

86 Hollaender, Friedrich: An allem sind die Juden schuld (1931)
© 1931 Dreiklang-Dreimasken Bühnen- und Musikverlag GmbH (BMG UFA Musikverlage), München

67 Hollaender, Friedrich: Die Trommlerin (1928)
© Erben Blandine Ebinger: Helwig Hassenpflug, Berlin

20 Hyan, Hans: Lied der Arbeitslosen (1902)

177 Kändler, Friedhelm: Zärtlich allein (1990)
© Revonnah Verlag, Hannover

122 Kästner, Erich: Das Lied vom Warten (1947)
aus: Der tägliche Kram © Atrium Verlag, Zürich, und Thomas Kästner

88 Kaléko, Mascha: Jugendliebe a.D. (1933)
aus: Das lyrische Stenogrammheft © 1956 Rowohlt Taschenbuch Verlag, Hamburg

144 Kaub, Hannelore: Und jeden Tag ein Stück (1963)
© Hannelore Kaub

38 Klabund: Ich baumle mit de Beene (1921)
© 1921 Dreiklang-Dreimasken Bühnen- und Musikverlag GmbH (BMG UFA Musikverlage), München

157 Knef, Hildegard: Fragebogen (1972)
© 1972 Edition Tinta Der Musikverlag Intersong GmbH

49 Krüger, Hellmuth: Das dritte Girl von rechts (nach 1923)
© Hella Krüger

100 Krüger, Hellmuth: Jüterbog (1937)
© Hella Krüger

108 Larsen, Egon: Die Kosmopolitin (1940)
© Ursula Larsen

22 Mackott, Max: Polizei-Chanson (1903)

104 Mann, Erika: Frau X (1933)
aus: Erika Mann und ihr politisches Kabarett »Die Pfeffermühle« 1933–1937, hg. von Helga Keiser-Hayne, überarbeitete und erweiterte Auflage © 1995 Rowohlt Taschenbuch Verlag, Reinbek

32 Mehring, Walther: Berlin simultan (1921)
© Claassen Verlag, Düsseldorf

91 Mehring, Walter: Der Emigrantenchoral (1934)
© Claassen Verlag, Düsseldorf

185 Meinecke, Ulla: 13. Dezember (oder irgendein anderer Tag) (1992)
© Ulla Meinecke

127 Morlock, Martin: Frühjahrsmodelle (1950)
aus: Auf der Bank der Spötter © Heidi Treutler-Morlock und © 1989 Kindler Verlag GmbH, München

131 Neumann, Günter: Die Heuss-Zigarre (1955)
© Günter-Neumann-Stiftung, Berlin

189 Pigor, Thomas: ComedyComedyComedy (1997)
© Roof Music, Bochum

71 Rebner, Arthur: Loblied auf Italien (1928)
© Bruno Gisberti

136 Reinhold, Conrad: Zeitungs-Couplet (1956)
© Christel Burgert

84 Reisch, Walter: Ja, so bin ich! (1933)
© Walter Reisch

28 Reutter, Otto: Berlin ist ja so groß (1912)
© Otto Teich Verlag, Darmstadt

36 Ringelnatz, Joachim: Balladette (1920)
aus: Sämtliche Gedichte © 1997 Diogenes Verlag AG, Zürich

57 Schanzer, Rudolf/Ernst Welisch: Nebenbei (1927)
© 1927 Dreiklang-Dreimasken Bühnen- und Musikverlag GmbH (BMG UFA Musikverlage), München

119 Scheu, Just: Der Fragebogen (1947)
© Erben Just Scheu

45 Schiffer, Marcellus: Maskulinum–Femininum (1923)
© Erben Marcellus Fischer

116 Strauß, Leo: Als ob (1943)
© Ulrike Migdal

194 Teubner, Tina: WolkenPelzTier (1996)
© Tina Teubner

53 Tucholsky, Kurt: Mir ist heut so nach Tamerlan (1922)
© Kurt-Tucholsky-Stiftung, Hamburg

113 Weber, Ilse: Ein Koffer spricht (1942/44)
© Hanus Weber

161 Wecker, Konstantin: Frieden im Land (1977)
© Edition Wecker. Alle Rechte bei Global Musikverlag, München

18 Wedekind, Frank: Der Tantenmörder (1901)
© Albert Langen Georg Müller Verlag, München

175 Wedel, Matthias: Freiheitslied (1989)
© Satire Theater Potsdam Kabarett Obelisk e.V.

111 Weinert, Erich: Der Führer (1942)
aus: Gedichte 1941–1953 © 1975 Aufbau Verlag, Berlin

95 Weiß Ferdl: Gleichgeschaltet, gleichgeschaltet (1933)
© Münchner Humor Musikverlag c/o Pirol Musikverlag Ralph Siegel

12 Wolzogen, Ernst von: Das Laufmädel (1901)
© Harmonie Verlagsges. für Literatur und Kunst, Hamburg

Trotz aller Bemühungen konnten nicht alle Rechteinhaber ermittelt bzw. erreicht werden. Der Verlag verpflichtet sich, rechtmäßige Ansprüche jederzeit in angemessener Form abzugelten.

Literatur

Adler, H.G.: Die verheimlichte Wahrheit. Theresienstädter Dokumente. Tübingen: J.C.B. Mohr 1958

Arnim, Gabriele von: Lore Lorentz. In: Renken, Sabine, a.a.O.

Bach, Steven: Marlene Dietrich. Düsseldorf: Econ 1993

Bardong, Matthias/Demmler, Hermann/Pfarr, Christian: Lexikon des deutschen Schlagers. Ludwigsburg: Edition Louis 1992

Bemmann, Helga: Claire Waldoff – Wer schmeißt denn da mit Lehm? Frankfurt am Main/Berlin: Ullstein 1994

Bemmann, Helga: In mein' Verein bin ich hineingetreten. Kurt Tucholsky als Chanson- und Liederdichter. Berlin (Ost): Lied der Zeit Musikverlag 1989

Bemmann, Helga: Kurt Tucholsky. Ein Lebensbild. Frankfurt am Main/Berlin: Ullstein 1994

Bemmann, Helga: Otto Reutter. Frankfurt am Main/Berlin: Ullstein 1996

Berg, Rainer: Varieté. Gutgelaunt durchs Wirtschaftswunder. Hannover: Fackelträger 1988

Bergmann, Achim: Booklettext zur CD »München. Volkssänger. Rare Schellacks 1902-1948«. München: Trikont 1994

Broszat, Martin/Frei, Norbert (Hg): Das Dritte Reich im Überblick. München: Piper 1989

Budzinski, Klaus: Hermes Handlexikon – Das Kabarett. Düsseldorf: Econ Taschenbuch 1985

Budzinski, Klaus: Pfeffer ins Getriebe. Ein Streifzug durch 100 Jahre Kabarett. München: Universitas 1982

Cepl-Kaufmann, Gertrude/Johanning, Antje/Meiszies, Winrich: Wenn es dem Kom(m)ödchen nicht gefällt ... Ein Kabarett in Deutschland. Düsseldorf: Droste 2000

Chronik des 20. Jahrhunderts. Braunschweig: Westermann 1982

Das 20. Jahrhundert. Die Millenium-Chronik. CD-Rom. Königswinter: Tandem 2000

Das neue Fischer Lexikon in Farbe. 10 Bände. Frankfurt am Main: Fischer Taschenbuch 1981

Dee, Georgette: Gib mir Liebeslied. Chansons Geschichten Aphorismen. Berlin: Edition diá 1995

Ebinger, Blandine: Blandine ... Zürich: Arche 1985

Evans, Richard J. (Hg): Kneipengespräche im Kaiserreich. Stimmungsberichte der Hamburger Politischen Polizei, 1892–1914. Reinbek: Rowohlt 1989

Felsmann, Barbara/Prümm, Karl: Kurt Gerron – Gefeiert und gejagt. Berlin: Edition Hentrich 1992

Fessel, Karen-Susan/Schock, Axel: Out! 600 berühmte Lesben, Schwule und Bisexuelle. Berlin: Querverlag 2000 (3. erw. NA)

Filius-Jehne, Christiane/Wolff, Lutz-W.: Erich-Kästner-Zeitung. Zum 90. Geburtstag des Autors. München: Deutscher Taschenbuch Verlag 1989

Franke, Wolfgang/Lorentz, Lore: Eine schöne Geschichte. Eine historische Stunde im Kom(m)ödchen. München: Droemer Knaur 1985

Fuegi, John: Brecht & Co. Biographie. Hamburg: Europäische Verlagsanstalt 1997

Gall, Lothar: Fragen an die deutsche Geschichte. Ideen, Kräfte, Entscheidungen. Von 1800 bis zur Gegenwart. Bonn: Referat Öffentlichkeitsarbeit des Deutschen Bundestages 1981

Gerold-Tucholsky, Mary/Heepe, Hans-Georg: Das Kurt Tucholsky Chanson Buch. Reinbek: Rowohlt 1983

Greul, Heinz: Bretter, die die Zeit bedeuten. Die Kulturgeschichte des Kabaretts. Band 1 und 2. München: Deutscher Taschenbuch Verlag 1971

Günter-Neumann-Stiftung: Begleitbuch zur CD-Edition »Günter Neumann und seine Insulaner. Aufnahmen aus den Jahren 1948–1964«. Berlin/Hambergen: Bear Family Records 1995

Hage, Volker: Ingrid Caven. In: Renken, Sabine: a.a.O.

Harenbergs Personenlexikon 20. Jahrhundert. Daten und Leistungen. Dortmund: Harenberg 1992

Henke, Matthias: Die großen Chansonniers und Liedermacher. Wichtige Interpreten, bedeutende Dichtersänger. Hermes Handlexikon. Düsseldorf: Econ Taschenbuch 1987

Hennenberg, Fritz: Brecht-Liederbuch. Frankfurt am Main: Suhrkamp 1985
Hennenberg, Fritz: Hanns Eisler. Reinbek: Rowohlt Taschenbuch 1987
Hesterberg, Trude: Hörprotokoll eines Radiointerviews mit der Journalistin Eva Krauss, 1957
Hesterberg, Trude: Was ich noch sagen wollte ... Berlin (Ost): Henschelverlag 1971
Heumann, Marcus: Booklet zur CD »Die Partei hat immer Recht«. Amiga/BMG 1996
Hippen, Reinhard: Kabarettgeschichte-n. Band 10. Das Kabarett-Chanson. Typen, Themen, Temperamente. Zürich: pendo 1986
Hippen, Reinhard: Kabarettgeschichte-n. Band 13. Es liegt in der Luft. Kabarett im Dritten Reich. Zürich: pendo 1988
Hippen, Reinhard: Kabarettgeschichte-n. Band 14. Satire gegen Hitler. Kabarett im Exil. Zürich: pendo 1986
Jungheinrich, Hans-Klaus: Wolf Biermann. In: Henke, Matthias, a.a.O.
Kästner, Erich: Vorwort zu »Bei Durchsicht meiner Bücher« (1946). In: Gesammelte Schriften für Erwachsene, Band 8, Vermischte Beiträge III. München/Zürich: Droemer Knaur/ Atrium 1969
Keiser-Hayne, Helga: Erika Mann und ihr politisches Kabarett »Die Pfeffermühle« 1933–1937. Texte, Bilder, Hintergründe. Reinbek: Rowohlt Taschenbuch 1995
Killy, Walther (Hg): Bertelsmann Lexikon. Deutsche Autoren. Vom Mittelalter bis zur Gegenwart. Gütersloh/München: Bertelsmann Lexikon Verlag 1994
Kirchenwitz, Lutz: Folk, Chanson und Liedermacher in der DDR. Berlin: Dietz 1993
Knef, Hildegard: Tournee, Tournee ... München: Wilhelm Goldmann 1980
Koch, Peter: Konrad Adenauer. Eine politische Biographie. Reinbek: Rowohlt 1988
Kohn, Edith: Georgette Dee. In: Renken, Sabine: a.a.O.
Kothes, Franz-Peter: Die theatralische Revue in Berlin und Wien. 1900–1938. Typen, Inhalte, Funktionen. Wilhelmshaven: Heinrichshofen's Verlag 1977
Kühn, Volker: Kleinkunststücke. Band 1. Donnerwetter – tadellos. Kabarett zur Kaiserzeit. 1900–1918. Weinheim/Berlin: Quadriga 1987
Kühn, Volker: Kleinkunststücke. Band 2. Hoppla, wir beben. Kabarett einer gewissen Republik. 1918–1933. Weinheim/Berlin: Quadriga 1988
Kühn, Volker: Kleinkunststücke. Band 3. Deutschlands Erwachen. Kabarett unterm Hakenkreuz. 1933–1945. Weinheim/Berlin: Quadriga 1989
Kühn, Volker: Kleinkunststücke. Band 4. Kabarett in Restdeutschland. 1945–1970. Weinheim/Berlin: Quadriga 1992
Kühn, Volker: Kleinkunststücke. Band 5. Hierzulande. Kabarett in dieser Zeit. Ab 1970. Weinheim/Berlin: Quadriga 1994
Kühn, Volker: Mir ist heut so nach Tamerlan – Rudolf Nelson: 50 Jahre Kleinkunst. Archiv Blätter 4. Berlin: Stiftung Archiv der Akademie der Künste 1999
Kühn, Volker: Das Kabarett der frühen Jahre. Weinheim/Berlin: Quadriga 1989
Kühn, Volker: Spötterdämmerung. Vom langen Sterben des großen kleinen Friedrich Hollaender. Berlin: Parthas 1996
Lareau, Alan: Eine moderne Kurzoper. In: Booklet zur CD »Mischa Spoliansky – Musikalische Stationen zwischen Morphium und Widerstand«. Berlin: Label KLEINaberKUNST, Verein für musikalische Archivforschung 1998
Leimbach, Berthold: Tondokumente der Kleinkunst und ihre Interpreten. 1898–1945. Göttingen: Eigenverlag 1991
Luft, Friedrich: EP-Cover-Text zu »Günter Neumann und seine Insulaner«. O.O.: Heliodor 1958
Max Ehrlich Association: http://www.max-ehrlich.org/max1.htm
Müller, Helmut M. u.a.: Schlaglichter der deutschen Geschichte. Mannheim: Brockhaus 1990
Naumann, Uwe: Ruhe gibt es nicht, bis zum Schluß – Klaus Mann (1906–1949). Bilder und Dokumente. Reinbek: Rowohlt 1999

Nelsen, Jo van: Programmheft zu »ich will. Ein Chansonabend für dich, für mich und für Hildegard Knef«. Frankfurt am Main: Eigenverlag 1994
Otto, Rainer/Rösler, Walter: Kabarettgeschichte. Berlin (Ost): Henschelverlag 1977
Pacher, Maurus: Der gespaltene Dichter – Robert Gilbert. Internes Manuskript. München: BMG/UFA Musikverlage 1979
Pacher, Maurus: Sehn Sie, das war Berlin: Weltstadt nach Noten. Frankfurt am Main/Berlin: Ullstein 1992
Parker, R.A.C.: Das Zwanzigste Jahrhundert I. 1918–1945. Fischer Weltgeschichte. Band 34. Frankfurt am Main: Fischer Taschenbuch 1967
Renken, Sabine: Chanteusen – Stimmen der Großstadt. Mannheim: Bollmann 1997
Rothschild, Thomas: Liedermacher. 23 Porträts. Frankfurt am Main: Fischer Taschenbuch 1980
Rupprecht, Siegfried P.: Chanson-Lexikon. Berlin: Lexikon Imprint Verlag /Schwarzkopf & Schwarzkopf 1999
Ruttkowski, Wolfgang Victor: Das literarische Chanson in Deutschland. Bern/München: Francke 1966
Schneidereit, Otto: Berlin, wie es weint und lacht. Berlin (Ost): Henschelverlag 1976
Schneidereit, Otto: Fritzi Massary. Berlin (Ost): VEB Lied der Zeit Musikverlag 1970
Schock, Axel: DADA? WoWo! – Ein Portät des der Welt einzig wahren Wowoisten Friedhelm Kändler. Sendemanuskript. Berlin: DeutschlandRadio 1994
Schütze, Silke: Henny Walden. Memoiren einer vergessenen Soubrette. Reinbek: Rowohlt Taschenbuch 2000
Serke, Jürgen: Die verbrannten Dichter. Lebensgeschichten und Dokumente. Weinheim: Beltz & Gelberg 1992
Shirer, William L.: Aufstieg und Fall des Dritten Reiches. Köln: Kiepenheuer & Witsch 1961
Sperr, Monika: Das große Schlager-Buch. Deutscher Schlager 1800–Heute. München: Rogner & Bernhard 1978
Staritz, Dietrich: Geschichte der DDR. 1949–1990. Moderne Deutsche Geschichte. Band 11. Frankfurt am Main: Suhrkamp 1996 (erw. NA)
Stern, Carola: Die Sache, die man Liebe nennt. Das Leben der Fritzi Massary. Berlin: Rowohlt 1998
Sternweiler, Andreas: Schwules Selbstbewußtsein. In: 100 Jahre Schwulenbewegung. Ausstellungskatalog Schwules Museum Berlin/Akademie der Künste. Berlin: Rosa Winkel 1997
Stümke, Hans-Georg: Homosexuelle in Deutschland. Eine politische Geschichte. München: C.H. Beck 1989
Traubner, Richard: Operetta. A Theatrical History. New York/Oxford: Oxford University Press 1983
Tucholsky, Kurt: Aus dem Ärmel geschüttelt. In: Gesammelte Werke. Band 3. Hg. von Mary Gerold-Tucholsky und Fritz J. Raddatz. Reinbek: Rowohlt 1960
Tucholsky, Kurt: Bänkelbuch. In: Gesammelte Werke. Band 7. a.a.O.
Tucholsky, Kurt: Berliner Cabarets. In: Gesammelte Werke. Band 1. a.a.O.
Waechter, Alexander: Booklet zur CD »Chansons und Satiren aus Theresienstadt«. München: BMG Ariola 1993
Waldoff, Claire: Weeste noch ...? Erinnerungen und Dokumente. Herausgegeben von Volker Kühn. Berlin: Parthas 1997
Walter, Bruno: Thema und Variationen. Memoiren. O.O.: O.V. 1947.
Weber, Hanus: Ilse Weber. In: Booklet zur CD »Bente Kahan – Stimmen aus Theresienstadt«. Dortmund: »pläne« 1997
Wilfer, Charly: Das Lexikon der deutschen Live-Szene. Berlin: Lexikon Imprint Verlag/Schwarzkopf & Schwarzkopf 2000
Zoch-Westphal, Gisela: Aus den sechs Leben der Mascha Kaléko. Berlin: arani

Abbildungen